EPISTOLÁRIO

Universidade Estadual de Campinas

Reitor
Antonio José de Almeida Meirelles

Coordenadora Geral da Universidade
Maria Luiza Moretti

Conselho Editorial

Presidente
Edwiges Maria Morato

Carlos Raul Etulain – Cicero Romão Resende de Araujo
Dirce Djanira Pacheco e Zan – Frederico Augusto Garcia Fernandes
Iara Beleli – Marco Aurélio Cremasco – Pedro Cunha de Holanda
Sávio Machado Cavalcante – Verónica Andrea González-López

Coleção Fausto Castilho de Filosofia
Série Multilíngues
Comissão Editorial

Coordenação: Alexandre Guimarães Tadeu de Soares (UFU) e Oswaldo Giacoia Junior (Unicamp)
Comissão editorial: Daniel Garber (Universidade de Princeton)
Franklin Leopoldo e Silva (USP) – Giulia Belgioioso (Universidade do Salento)
Representante do Conselho Editorial: Cicero Romão Resende de Araujo (USP)

Giambattista Vico

EPISTOLÁRIO
Cartas escolhidas e escritos menores

Edição em italiano e português

Organização, tradução, seleção e apresentação
Sertório de Amorim e Silva Neto
Vladimir Chaves dos Santos

FICHA CATALOGRÁFICA ELABORADA PELO
SISTEMA DE BIBLIOTECAS DA UNICAMP
DIRETORIA DE TRATAMENTO DA INFORMAÇÃO
Bibliotecária: Maria Lúcia Nery Dutra de Castro – CRB-8ª / 1724

V664E Vico, Giambattista, 1668-1744.
   Epistolário : cartas escolhidas e escritos menores / Giambattista Vico ; organização: Sertório de Amorim e Silva Neto e Vladimir Chaves dos Santos. – Campinas, SP : Editora da Unicamp, 2024

   1. Vico, Giambattista, 1668-1744. 2. Epístolas. 3. Filosofia Italiana. 4. Filosofia moderna. I. Silva Neto, Sertório de Amorim. II. Santos, Vladimir Chaves dos. III. Título

CDD – 227
– 195
– 190

ISBN 978-85-268-1673-2

Copyright da tradução © Fundação Fausto Castilho
Copyright © 2024 by Editora da Unicamp

APOIO

Opiniões, hipóteses e conclusões ou recomendações expressas neste livro são de responsabilidade dos organizadores e não necessariamente refletem a visão da Editora da Unicamp.

Direitos reservados e protegidos pela lei 9.610 de 19.2.1998.
É proibida a reprodução total ou parcial sem autorização, por escrito, dos detentores dos direitos.

Foi feito o depósito legal.

Direitos reservados a

Editora da Unicamp
Rua Sérgio Buarque de Holanda, 421 – 3ª andar
Campus Unicamp
CEP 13083-859 – Campinas – SP – Brasil
Tel./Fax: (19) 3521-7718 / 7728
www.editoraunicamp.com.br vendas@editora.unicamp.br

SUMÁRIO

Prefácio por Fabrizio Lomonaco 7

Apresentação 27

CARTAS ESCOLHIDAS

[8] A Gian Mario Crescimbeni (julho de 1710) 37
[9] A Apostolo Zeno (último dia de outubro de 1710) 39
[10] A Gian Mario Crescimbeni (11 de junho de 1712) 41
[11] A Bernardo Maria Giacco (14 de julho de 1720) 45
[13] A Bernardo Maria Giacco (12 de outubro de 1720) 47
[22] A Bernardo Maria Giacco (27 de outubro de 1721) 51
[23] A Jean Leclerc (9 de janeiro de 1722) 57
[26] A Eugenio di Savoia (12 de dezembro de 1722) 59
[28] A Bernardo Maria Giacco (3 de junho de 1724) 63
[31] A Filippo Monti (18 de novembro de 1724) 65
[36] A Bernardo Maria Giacco (25 de outubro de 1725) 69
[37] A Jean Leclerc (3 de novembro de 1725) 73
[38] A Luigi Esperti (18 de novembro de 1725) 77
[39] A Lorenzo Corsini (20 de novembro de 1725) 79
[43] A Gherardo degli Angioli (26 de dezembro de 1725) 83

[44] A Luigi Esperti (1726) 95
[47] A Edouard de Vitry (20 de janeiro de 1726) 101
[55] A Angelo Calogerà (11 de outubro de 1728) 107
[57] A Francesco Saverio Estevan (12 de janeiro de 1729) 109
[62] A Tommaso Russo (7 de novembro de 1729) 121
[63] A Bernardo Maria Giacco (4 de dezembro de 1729) 125
[67] A Francesco Spinelli (1730) 129
[69] A Ludwig von Harrach (6 de abril de 1731) 133
[71] A Nicola Gaetani di Laurenzano (1 de março de 1732) 141
[73] A Niccolò Giovo (após 10 de dezembro de 1732) 145
[76] A Giuseppe Pasquale Cirillo (30 de agosto de 1733) 149
[78] A Carlo di Borbone (julho de 1734) 151
[86] A Niccolò Concina (16 de setembro de 1736) 155
[90] A Muzio Gaeta (outubro de 1737) 161
[92] A Muzio Gaeta (outubro de 1737) 167
[96] A Carlo di Borbone (fim de 1740) 173

ESCRITOS MENORES EM ITALIANO

Parecer: *Cinco Tragédias* de Vincenzo Gravina
    (10 de setembro de 1712) 177
Prefácio às Rimas selecionadas de Gherardo de Angelis (1730) 179
Juízo sobre Dante (após 1732) 183
Juízo em torno da gramática de Antonio d'Aronne 189
Discurso para uma abertura anual da Academia (1736) 191

PREFÁCIO

Os epistolários sabe-se que constituem, para o estudo do pensamento moderno e, de forma mais geral, da história da cultura, uma fonte imprescindível de análise teórica e historiográfica, capaz de mostrar aspectos menos conhecidos de textos e respectivos manuscritos, as relações acadêmicas e pessoais dos doutos naquela "República das Letras" à qual Bayle havia dedicado as *Nouvelles de la République des Lettres*, um periódico publicado em Rotterdam a partir de 1684. Vico também faz parte dessa *Respublica*, já defendida na terceira *Oratio* de "toda perfídia", quando se aspira a uma "erudição verdadeira e não simulada, sólida e não vã".[1]

Auxiliados por um robusto grupo de jovens estudiosos, Sertório de Amorim e Silva Neto e Vladimir Chaves dos Santos fizeram bem em publicar em português uma arrazoada seleção de cartas (31 epístolas) de Vico a estudiosos e políticos de seu tempo, munindo-as também de um conjunto de obras ditas "menores" (desde o *Parecer* sobre as *Tragédias* de Gravina até o Prefácio às *Rimas* de De Angelis, desde um *Discurso* sobre as Academias até os *Juízos* sobre as obras de Dante e Aaron), mas que tais não são, se lidas também à luz dos temas examinados e discutidos na correspondência.

Em sua totalidade, o epistolário do filósofo napolitano (de cartas enviadas e recebidas) não é extenso, consolidando-se, até o momento, em 115 documentos que são interessantes porque oferecem, a meu ver, contribuições

---

[1] Vico, 1982, p. 123. Nesta e nas notas seguintes, não examino a vasta literatura crítica sobre os temas aqui investigados, remetendo-me às *Contribuições* bibliográficas publicadas pelo ex *Centro di studi vichiani* (desde 1973) e depois pelo *Istituto per la storia del pensiero filosofico e scientifico moderno* do C.N.R. (Scognamiglio, 2018).

originais para a reconstrução de pelo menos três extratos de agregados temáticos por certo fortemente conectados. O primeiro centra-se inevitavelmente na personalidade do filósofo, na sua vida acadêmica, a que se ligam as consideráveis dificuldades econômicas e perturbações psicológicas provocadas por uma natureza "melancólica", acrescidas de um fracasso no concurso de 1723, de "penas" nunca abandonadas e de "provações" na condução dos estudos e da vida familiar, nem sempre podendo contar com a proteção política e o apoio financeiro dos poderosos de plantão. Podem ser remetidas ao segundo "extrato" as contribuições de primeira mão oferecidas pela correspondência à compreensão de algumas significativas transformações da obra viquiana em termos de estilo e conteúdo, referentes sobretudo à passagem da *Ciência Nova* de 1725 à de 1730, às primeiras e às segundas *Correções, Melhoramentos e Acréscimos* perto da edição de 1730. Finalmente, um terceiro nível de interesse reside na representação da densa articulação de encontros e confrontos com "homens de espada, de Igreja, de toga e de estudo" (para citar Nicolini) do seu tempo: de Magliabechi a Apostolo Zeno, de Crescimbeni a Giacco, de le Clerc a Esperti, de Garofalo a Egizio, de Corsini a de Vitry, de Lodoli a Porcía, de Estevan a de Angelis, de von Harrach a Carlos de Bourbon, de Concina a Cirillo, de Gaeta a Francesco Serao. Além de ser um documento insubstituível para a compreensão da atividade de Vico, do desenvolvimento de suas ideias e de seus interesses, o epistolário é uma rica mina de informações sobre livros e autores, protagonistas, muitas vezes esquecidos, da circulação europeia de ideias entre os séculos XVII e XVIII. No caso de Vico, aliás, os destinatários testemunham seu empenho em dialogar com *autores* clássicos e contemporâneos, a ponto de elaborá-los e quase transformá-los por uma necessidade irrefreável de compreensão que é um reportar a si o quanto foi indagado, como se desmentindo aquela solidão e aquele isolamento enfatizados pela ainda benemérita historiografia neoidealista do início do século XX italiano (Croce e Nicolini), hábil em utilizar um motivo viquiano, para endereçá-lo a sua conhecida tese fundamental: Vico filósofo vive e opera em Nápoles no século XVIII, em uma época sem problema histórico, e, por isso, só pode ser compreendido se transferido idealmente seu autêntico pensamento para o século XIX, que é o século de pertencimento do "precursor" napolitano.

Para resumir esta arrazoada e preciosa seleção de cartas e breves escritos de Vico, vale recordar, *in primis*, a presença de Vico na Arcádia (inscrito com o nome de Laufilo Terio), em relação direta com o diretor Gian Mario Crescimbeni a quem em 1710 declarava a convicta adesão à sua linha após o

"cisma" de Gianvincenzo Gravina. Com este homem de letras e jurista, manteve uma relação de "estima e [...] amizade", renovada nos anos do *Carafa* (1716) e já alimentada pelos interesses comuns a propósito *Da Razão poética* (1708), a grande obra do estudioso calabrês com o qual Vico se relacionou pelo menos até a *Ciência Nova* de 1725. Mas um momento de distanciamento crítico amadureceu no *Parecer* viquiano de 1712 para a impressão das *Cinco Tragédias* (1712), em que se superou qualquer tentativa de conciliar cartesianismo e neoplatonismo. O controle mental da corporeidade, baseado na autoevidência de ideias claras e distintas, não consegue coexistir com a dimensão social do conhecimento, arriscando-se a abrir-se ao solipsismo que torna impraticável a aliança entre direito e poesia. A *animi tranquillitas*, imagem da "vida beata" do sábio, exaltada nas *Éclogas*, na *Razão poética* e nas *Origens*, é uma energia apagada. Assim, a catarse da tragédia clássica dá lugar à irritação dos extremos que, nas tragédias gravinianas, colidem na impossibilidade de coexistir. Ao analisar as principais teses e os relativos princípios teóricos de matriz cartesiana, Vico assume, com um movimento próprio de sua inteligência crítica, o modelo (graviniano) de leitura da dicotomia *natureza-razão*. O pensador calabrês não seguiu "os preceitos" da arte antiga, para favorecer os "assuntos medíocres" e assegurar um freio às "paixões", a fim de que as moderadas pudessem direcionar ao bem a ação dos cidadãos. Refletindo como "filósofo", ele, coerente com a tradição cristã (na qual não tem fim o horror do vício e a virtude permanece "toda reservada ao sofrimento"), elegeu

> [...] os seus extremos e, onde pode, desperta a abominação dos costumes da cega gentilidade e contra os vícios dos grandes que arruínam os Estados. Ao mesmo tempo, põe à mostra as maravilhosas virtudes de outros que os conservam, para que os príncipes [...] mais claramente se distingam como bons ou se arrependam como maus.[2]

Em 1712, portanto, o filósofo napolitano, antes das novas reflexões sobre o *direito universal* e sobre a *ciência nova* da história humana, já tinha – com e além de Gravina – consciência de que o devir histórico pode ser compreendido na unidade, a partir de seus extremos, reconhecendo, em outras palavras, as funções da razão e dos sentidos, do bem e do mal, da justiça e da injustiça. Precisamente o sentido *trágico* da vida, eficazmente representado na

---

[2] Vico, 1940, p. 228.

PREFÁCIO

obra examinada, recorda aos homens o sentido ético da sua responsabilidade individual, nunca anárquica ou isolada, já que colocada dentro e não fora do mundo, em relação dinâmica com outras existências individuais, todas problematicamente tendentes a construir novas *ordens*, porque conscientes de que não é possível conformar suas *naturezas* a um modelo de vida preordenado.

E, em torno do tema da *ordem* nas renovadas dimensões metafísicas e jurídicas, agregam-se os conteúdos da correspondência dos anos Vinte, os relativos à publicação dos três livros do *Direito universal* (1720-1722) e da *Sinopse*, apresentada em 1720 a Bernardo Maria Giacco como construção de "um sistema da Vida Civil, das repúblicas, das leis, da Poesia, da História, numa palavra, de toda humanidade, e como consequência de uma Filologia racional".[3] Para elevar esta última a componente essencial de uma *nova ciência*, intervinha a investigação das *palavras* das quais brotam os fatos em seu sentido filosófico. Em janeiro de 1722, Vico dirigia-se ao estudioso genebrino Jean Le Clerc fazendo acompanhar o envio do *Direito universal* com sinceros elogios à obra e à autoridade do estudioso, "o mais forte estímulo, talvez o único, que me levou a meditar estes Livros".[4] Essa admiração sincera, já amadurecida desde os tempos do *De Antiquissima* e de suas relações com Brenkman, dispunha Le Clerc a uma atenção benevolente e interessada. E de Amsterdã, em setembro de 1722, ele escreveu ao filósofo napolitano, destacando em seus escritos "*multa et egregia, tum Philosophica, tum etiam Philologica*" sabedoria e prometendo uma resenha a ser publicada "*in Voluminis XVIII Bibliothecae Antiquae et Hodiernae parte altera*".[5] Mas a Vico não bastou a difusão desse elogio tão bem-vindo para rebater os julgamentos negativos que afetaram seus escritos e seu próprio perfil de estudioso após o insucesso no concurso universitário de março-junho de 1723. Quando, entre o verão e o outono daquele ano, chegou a Nápoles o pequeno volume da *Bibliothèque* contendo a anunciada resenha do artigo, a satisfação do autor do *De uno* foi tão grande que o levou a fazer uma tradução integral para o italiano e a extrair disso juízos lisonjeiros, citados no *Índice* da *Ciência Nova* (1725) a propósito das "Tradições vulgares", na autobiografia (1723-1728) e nas *Vindiciae* (1729); tradução que o filósofo redigiu ou encomendou, mas certamente revisou e transcreveu de próprio punho nos anos entre a publicação da *Ciência nova* de 1725 e a redação da

---

[3] Vico, 1992, p. 86.
[4] *Idem*, p. 100.
[5] *Idem*, p. 102.

autobiografia (1723-1728) e do respectivo *Adendo* (1731). O elogio de Le Clerc, "Príncipe dos Eruditos de nossa Época", destaca-se na sintética mas eficaz reconstrução de seus empenhos acadêmicos e "esforços extraordinários", de relações com os doutos e poderosos de seu tempo (do Cardeal Corsini aos "jornalistas" de Veneza e Leipzig), que Vico oferece a Ludwig von Harrach, para pedir-lhe um "benefício eclesiástico" ou "uma pensão", a fim de obter um sustento digno para a sua própria atividade e para a "numerosa Família".[6] Também aí a dimensão pessoal da comunicação epistolar é regida por temas e problemas de natureza histórico-crítica e filosófico-filológica, como atesta o recordo do próprio empenho numa "História Heroica da Vossa Insigne Ordem do Tosão de Ouro", introduzido na parte III da *Ciência nova* de 1725 (e reproposto na edição de 1730), a fim de documentar a descendência de Hércules da casa dos Duques de Borgonha e a continuidade de sua *summa potestas* por mais de três mil anos.[7]

A radical novidade da abordagem estava em constatar que os estudiosos sempre separaram a filosofia da filologia, considerando-as disciplinas de naturezas diversas e contrastantes entre si, como se a concordância de palavras e coisas dependesse do capricho ou do acaso sem nenhum nexo de *razão*. Em vez disso, tratava-se de reconhecer as prerrogativas da filosofia e da humaníssima filologia, de *tentar* uma "nova ciência", como se lê no exórdio da segunda parte do *De constantia*, envolvendo as dimensões da eterna *ratio* e da linguagem. Tornava-se explícita, então, a crítica a duas mentalidades unilaterais contrapostas, uma apriorística-racional e abstratamente teórica, incapaz de ligar a filologia à ciência do homem; a outra erudita e fim em si mesma. As respectivas "vaidades" só podem ser superadas teorizando a aliança entre a "história das palavras" e a "história das coisas", para reagir à decadência dos valores da "eterna honestidade" e contestar a variabilidade da "utilidade material" e a "reverência aos sentidos",[8] causas de um relativismo nocivo que ameaça o bem do Estado e de toda religião. Trata-se aqui da conhecida proposta do "ateu virtuoso", filha da erosão libertina à qual Pierre Bayle havia aderido com um atualizado e extenso aparato de erudição crítica. Vico coloca-o, como se sabe, entre os principais adversários da unidade da verdade e do bem eternos, objeto de meditação da *mens* humana que experimenta o prêmio da "beatitude"

---

[6] Vico, 1999, pp. 162, 165.
[7] *Idem*, pp. 163-164. Vide também: Vico, 2014b, pp. 138-139.
[8] Vico, 1974, p. 382.

através da prática do "bem metafísico".⁹ É preciso, então, agir em direção a uma *"aeterna felicitas"*, não ao nível dos indivíduos isolados, estranhos uns aos outros (*"nedum singuli ac secreti"*) ou dos cidadãos de uma nação específica (*"nedum unius civitatis cives"*), mas de todo gênero humano (*"sed universum genus humanum"*). É essa uma primeira conclusão relevante da argumentação que visa, na primeira parte do *De constantia*, renovar a definição tradicional de *metafísica* no sentido já teorizado por Grotius (autor do *De veritate religionis christianae*) de "metafísica do gênero humano".¹⁰

Vico supõe a exigência teórica de passar da ordem transcendente e universal das "verdades eternas" ao multiforme devir no curso histórico. Do *ser* de Deus aos *modos* da vida humana para fundar a lógica da determinação dos momentos diversos e a do seu desenvolvimento unitário. Assim, amadurece o projeto de uma *Ciência nova* em torno da "natureza das nações", na qual se encontram "os princípios de outro sistema do direito natural das gentes" e estão de acordo filosofia pagã (platônica) e direito romano com a religião cristã e a ação da Providência. À "doutrina Platônica, que serve à Providência", refere-se a importante carta a Filippo Monti de 1724, em cuja defesa contra estóicos e epicuristas impõe uma polêmica contra os modernos, Hobbes e Spinoza, Bayle e Locke: "todos esses com as suas doutrinas que combatem as máximas civis católicas dão mostras de que, a depender deles, vão destruir toda a sociedade humana".¹¹ O juízo envolvia também a posição de Grotius, após a fortuna e as reservas expressas nos livros do *Direito universal* dos primeiríssimos anos Vinte, privilegiando o nexo entre religião e direito no centro do *opus maius* de 1725, obra pela qual Vico sentia uma ligação indissolúvel e, por isso, recomendada a Celestino Galiani em outubro de 1725 "como único parto meu que gostaria que sobrevivesse";¹² – escreverá ao amigo Giacco – por causa da qual gostaria "de não ter elaborado todas as minhas outras [...], e que permanecesse só essa". O fatigoso esforço profuso proporcionou-lhe a convicção de ter-se "investido de um novo homem", dotado de "certo espírito heroico", vencedor da "adversa Fortuna" e de inquietudes de toda a espécie sem ser mais perturbado pelo medo da morte.¹³

---

⁹ *Idem*, pp. 376-377.
¹⁰ *Idem*, pp. 354, 366.
¹¹ Vico, 1992, pp. 109, 110.
¹² *Idem*, p. 113.
¹³ *Idem*, p. 114.

Em 1725, o contraste com o autor do *De iure belli ac pacis* repousava sobre um vício intolerável do "sistema" moderno de direito natural, abstrato e racional, a ponto de sustentar a hipótese de poder fundá-lo prescindindo da existência de Deus (*"et si Deus non daretur"*). Separando, mesmo que apenas hipoteticamente, o homem de Deus, o jurista holandês errava na descrição da condição do "primeiro homem" bom e na solidão, depois na vida sociável ditada pela epicurista *utilitas*.[14] Em tal contexto, como na autobiografia e no epistolário, em particular na carta ao cardeal Corsini de 1725, Grotius é comparado a Pufendorf e Selden, todos criticados em oposição à sua nova obra em que "se derrubam os três Sistemas do Direito Natural das Gentes, que fundam Grotius e Pufendorff com Hipóteses, e Selden ainda que de fato, mas nenhum dos três o estabelecem sobre a Divina Providência, como melhor do que eles fizeram os Jurisconsultos Romanos". As comunidades só podem ser salvas permanecendo unidas ao misterioso desígnio da Providência que age para sua conservação, operando por dentro dos costumes das nações. De Deus "como verdade eterna" a "Deus como eterna providência, que seria da filosofia divina a universalíssima prática",[15] sem jamais coagir os homens, determinando-os na história ou deixando-os à mercê de sua natureza débil e caída. A vida do homem não era mais certa e legível no *círculo* da unicidade e fim último do direito segundo as teses do *De uno*. O precedente cartesiano das "verdades eternas" criadas por Deus não resistia às *provas* da história, obscura e impenetrável como uma *selva*, exposta ao risco da decadência, se privada da nova "verdade": a da *Providência* que regula as ações da vida social, funde metafísica e *mens* em unidade, cifra de um "dom", patrimônio continuamente conquistado sem sucesso assegurado, sem nenhuma preordenada salvação pela impotência humana de colher diretamente a verdade absoluta do curso histórico.

É também significativo que a crítica ao estoicismo e ao epicurismo conduza à rejeição da *ratio* cartesiana e das insidiosas consequências (dogmáticas), percebidas na frente oposta mas convergente do ceticismo libertino. Na carta a De Vitry de 1726, a polêmica contra os "Filósofos" – identificados com aqueles que, desdenhosos das questões da linguagem e da filologia, "entorpeceram os engenhos com o método de Descartes" – continha um complexo e severo diagnóstico sobre a condição cultural de Nápoles do início do século XVIII, precedido de elogios aos "Reverendos

---

[14] Vico, 2014b, p. 14.
[15] *Idem*, pp. 24-25.

Padres do Oratório" pelo "ânimo verdadeiramente régio e pleno de piedade para com a Pátria", adquirindo, graças à sua intervenção, "a célebre Biblioteca do Ilustríssimo Giuseppe Valletta". O filósofo denunciava a considerável depreciação do valor da biblioteca,

> [...] comprada [...] por quatorze mil escudos, a mesma que trinta anos atrás valia bem trinta mil; no que fui contratado para avaliá-la, precisei levar em conta quanto valem esses livros na praça, onde os Gregos e os Latinos, inclusive as mais belas e confiáveis primeiras edições, caíram abaixo da metade do seu preço, e o maior corpo dela é de tais livros Gregos e Latinos.[16]

Ao jesuíta francês que, para colaborar com o "Journal de Trévoux", lhe pedia informações sobre a cultura napolitana e siciliana dos anos Vinte, respondia com franqueza afirmando que a única "notícia" que podia dar era o "fim" da "República das letras". O impiedoso e claro julgamento partia do reconhecimento das consequências da "guerra feita pela sucessão da Espanha" (de 1701 a 1714, ano da morte de Valletta!), a "maior do Mundo" (perdendo apenas para a de César contra Pompeu e de Alexandre contra Dario), mas sem que nenhum soberano estivesse disposto a "promover as Letras". A denúncia da crise da cultura europeia envolvia os negligenciados "estudos severos das duas línguas Grega e Latina", a relaxada condição da Igreja (o "razoável desleixo da Igreja católica", vantajoso para os protestantes, donos das "Línguas Orientais") e das teologias modernas, em que "a Dogmática está estabelecida, cessa a Polêmica". Naturalmente, a crítica tocava mais de perto a condição da filosofia e das ciências contemporâneas com acusações contra os "Filósofos" que, satisfeitos com a "clara e distinta percepção", foram acolhidos em todas as bibliotecas. Em particular, Vico está atento para colher a antiga e renovada questão do nexo entre método e metafísica, quando nota como o "destino da Sabedoria Grega" foi traduzido em "Metafísicas nada úteis, se não danosas à civilização, e em Matemáticas inteiramente ocupadas com a consideração de grandezas que não suportam régua e compasso, que não têm nenhum uso para as Mecânicas".[17]

Nos anos de maturação da *Ciência nova* de 1730, é interessante a correspondência com Francesco Saverio Estevan, repleta de referências aos

---

[16] Vico, 1992, p. 132.
[17] *Idem*, pp. 131-133.

temas do *corpo* e do *comum*. Justamente por saber impor diversificações, a ação do corpóreo produz também contínuas implicações, garantindo a *conexão* do mundo e a *conservação* da vida. Para permanecer ele mesmo, o corpo não pode resistir na singularidade imediata, deve expandir-se e realizar-se na temporalidade histórica em que o humano é posto nas condições de dar-se espontaneamente regras e comportamentos coletivos. A referência ao "comum dos homens [que] é todo memória e fantasia" ocorre quando, para explicar a Estevan as incompreensões e polêmicas em torno da *Ciência nova* de 1725, a reflexão de Vico propõe um novo modelo de *sabedoria*, radicado contra os "Métodos" e as "Críticas" dos modernos cartesianos "que se consideram os únicos severos e sérios", mas que "de fato dispersam o entendimento; de que é próprio ver o todo de cada coisa e vê-lo todo em conjunto". Esse é, para o filósofo napolitano, o verdadeiro significado de *intelligere* que faz referência à função toda humana do intelecto, ao seu "uso [...] nesse Corpo Mortal", capaz com a "virtude do Engenho, [...] o único pai de todas as invenções", de entender as relações entre coisas díspares e distantes numa "comunidade de razão".[18] Todas as invenções modernas apareceram antes que fosse divulgado o método analítico, introduzido na mecânica, do qual no entanto não se valeram aqueles que foram ajudados pelo *engenho*, a fértil e extraordinária capacidade do homem de dar vida ao processo criativo da *mens*, formando imagens que alimentam a *fantasia* e a *memória*, como reafirmado numa carta de 1725, destinada ao aluno poeta Gherardo degli Angioli, na qual o engenho é definido como "o pai de todas as invenções".[19] Aqui é radical o aprofundamento, em sentido filosófico, da teoria seiscentista (Gracián), porque em Vico se trata de integrar *scire* e *facere*, engenho e dimensão social do saber, para operar sobre os dados da realidade e rejeitar a passividade substancial do método racional, gerador de ceticismo que nas "mentes juvenis [...] atordoa";[20] desconhece as verdades "dentro de nós mesmos" e aquelas "de fora" que, ao contrário, devem "ser encontradas com a Tópica, para formar o verossímil, o senso comum, a autoridade do gênero Humano".[21] Na

---

[18] *Idem*, p. 143.
[19] *Idem*, p. 122.
[20] *Idem*, p. 144.
[21] *Idem*, p. 147. É inevitável a referência ao belo e fundamental trecho de Vico: "Julgo – lê-se no *De ratione* – que os adolescentes devem ser ensinados em todas as ciências e artes com um juízo integral, de modo que possam enriquecer-se dos lugares da tópica, e nesse ínterim possam fortalecer-se com o senso comum para o exercício da prudência e da

PREFÁCIO

carta de 12 de janeiro de 1729, são explícitas as referências à "eloquência [...] sabedoria que fala [...] agregado de todas as virtudes da mente e do coração", segundo os motivos já presentes no *De ratione* de 1709.[22] Duvidando de toda a experiência, o ceticismo desune os homens e os mantêm prisioneiros "do seu próprio prazer, ou da sua própria utilidade", que seguem o "próprio sentimento", reconduzindo-os das "comunhões Civis" ao "Estado de solidão", o de terríveis "ferozes e cruéis, que vivem todos divididos e sós nos seus antros e covis". O que remove a condição de insociável solidão é, portanto, o "senso comum", fortalecido pela "sabedoria vulgar" enquanto "regra mais certa para a prudência civil", que nos ajuda "quando operamos conforme operam todos os homens de bom senso".[23] Desses conteúdos, é rica a apresentação da *Ciência nova* ao próprio Estevan, de "uma obra meditada com uma metafísica erguida para contemplar a mente do Gênero Humano e, portanto, Deus pelo atributo da Providência", examinada com uma nova crítica, aquela "Crítica sobre os Autores das Nações", conduzida com um "método que adentra a geração dos costumes humanos" que os cartesianos condenam porque não entendem devido à sua "liberdade de ignorar os Sócrates e os Platões por amor à razão e à verdade".[24] Para além da defasagem ontológica entre *res cogitans* e *res extensa* teorizada pelas atualizações do modelo cartesiano, afirma-se uma atenção específica à fenomenologia de suas possíveis implicações em uma pedagogia capaz de operar no seio da realidade social através das regras da *eloquência* e da *prudência*, esta última virtude civil de origem aristotélica reformulada pela cultura humanista-renascentista e pela filosofia viquiana, considerada indispensável para reconhecer a verdade no tortuoso mas concreto mundo do agir humano fundado sobre *vera secunda*. O fazer humano está longe de qualquer forma de contemplação e é ao mesmo tempo a negação da práxis insensata de agir por agir, conquanto na ação esteja a liberdade de o homem referir-se toda vez à interior *vis veri* da qual o *senso comum* é cifra histórica. A *Dignidade* X de 1730 (depois XI em 1744) insistirá no tema evocado pela

---

eloquência; com a fantasia e a memória, possam encorajar-se à prática das melhores artes nessas faculdades da mente; em seguida, devem aprender a crítica; depois, que julguem acerca do que foi ensinado a partir de seu próprio juízo integral [...]. Assim, pois, sairiam verdadeiros nas ciências, solertes na prudência das ações, ricos na eloquência, fantásticos na pintura e na poesia, cheios de memória na jurisprudência" (Vico, 2014a, pp. 47, 49).

[22] Vico, 1992, p. 142; vide também: Vico, 2014a, pp. 235, 43.
[23] *Idem*, p. 144.
[24] *Idem*, p. 147.

carta a Estevan sobre o método cartesiano crítico do "arbítrio humano", necessário, porém, "aos homens de Estado".[25]

Na carta a Luigi Esperti de 1725, o filósofo napolitano, evocando as palavras de Tácito sobre a corrupção ético-política de seu próprio tempo, descreve o contexto histórico da *Ciência nova* em que essa obra "desagrada ou incomoda a muitos". Não pôde conquistar "o aplauso universal", porque, elaborada "a partir da Ideia de Providência, empenha-se na justiça do Gênero Humano e convida as Nações à severidade". Ao mundo moderno agradam só aqueles livros que, como as roupas, "são elaborados segundo a moda", e não sobre o tema (da *Ciência nova*) do "Homem sociável com base nas suas eternas propriedades". Se Gassendi faz "critério da verdade o sentido [...] e põe no prazer do corpo [...] a Felicidade humana", Descartes

> [...] elabora uma Metafísica em conformidade com a Necessidade, estabelecendo como regra da verdade a Ideia vinda a nós de Deus, sem jamais defini-la; por isso, entre esses mesmos cartesianos, acontece frequentemente que uma mesma Ideia seja clara e distinta para um, obscura e confusa para outro.[26]

É o caso de Malebranche, pensador interessante aos olhos de Vico por ter rejeitado a conceitualização de Deus e sustentado a compartilhável tese de que as ideias (a começar por aquela da "ordem eterna") são despertadas na alma pela ideia de Deus, que não é o resultado de uma análise conceitual, mas uma presença intuída pelo nosso espírito. Todavia, era problemático para o "ocasionalismo" combinar a filosofia cartesiana com o espiritualismo cristão, e a ideia de "extensão inteligível" com a "visão" das ideias em Deus. Consciente de que na *Recherche* a ideia está unida de modo não essencial ao corpo, Vico se convence de que a relação da *mens* com o divino é o princípio e a condição mesma da atividade do pensamento, em oposição aos limites do corpóreo denunciados nas páginas do *De antiquissima* e das *Risposte* ao *Giornale de' Letterati d'Italia* (1712).[27] Malebranche separa a modificação

---

[25] Vico, 1992, p. 147.
[26] *Idem*, pp. 127, 128.
[27] Em 1712, a definição da *mens* humana como "espelho da mente de Deus" prevalece sobre a perspectiva limitada do temporal e corpóreo. "Razão pela qual a mente humana vem a ser como um espelho da mente de Deus: e por isso pensa o infinito e eterno, e, portanto, a mente humana não termina no corpo e, consequentemente, também não termina no tempo, que é medido pelos corpos" (Vico, 2013a, p. 309).

PREFÁCIO

da alma pertencente ao domínio do homem da ideia como realidade objetiva presente em Deus. Mas, como se lê na carta a Tommaso Russo de 1729 (e naquela ao bispo Muzio Gaeta de 1737), o conhecimento da alma será menos claro do que o dos corpos conhecidos pela ideia, arriscando-se assim a "explicar as coisas da Mente [...] por relações que se tomam dos corpos".[28] O filósofo oratoriano, para ser coerente e estar verdadeiramente disposto a corrigir o *cogito* cartesiano, que ambicionava ser uma *ciência* autônoma do eu, precisou reconhecer que a mente humana, ao conhecer o corpo e o seu próprio eu, acha-se investida do ser infinito e supremo, a tal ponto que "é Deus que pensa em mim, portanto, em Deus eu conheço minha própria mente", como se lê na obra de 1710.[29]

Nos escritos "menores" em língua italiana, aqui repropostos acompanhando o epistolário, certamente se destaca o *Juízo* sobre Dante, que Vico redigiu a propósito de um comentário anônimo à *Divina Comédia* publicado em Lucca em 1732. Intervêm as inovações teóricas alcançadas nas fases de correção da *Ciência nova* de 1725 e de preparação das impressões de 1730 e 1744. A obra não se propõe a fazer uma crítica literária, mas a isolar três motivos característicos da obra de Dante como historiador, "fonte de belíssimos falares toscanos" e "exemplo de sublime poesia".[30] A *Comédia* testemunha certos fatos vividos, de personagens historicamente verdadeiros, descritos nos vários reinos do Além. As implicações dessa tese não são irrelevantes para apoiar o princípio de que a história nasce com a poesia, sendo os cantores também narradores de fatos acontecidos.[31] A poesia dantesca é a expressão de um mundo "bárbaro" que, por um defeito do raciocínio, não falsifica a realidade, de modo que a *Comédia* deve ser entendida no mesmo sentido dos antigos gregos, que colocavam nas fábulas pessoas reais. Assim, Vico redescobre as dimensões do poético enraizadas nos fatos da história, libertando a exegese dantesca da sequidão das disputas intelectualistas. O centro da análise da cultura e do pensamento medievais está na função da linguagem. Se a historicidade da poesia, por um lado, resgata a *Comédia* das acusações de

---

[28] Vico, 1992, pp. 155, 197.
[29] Vico, 2013a, pp. 192, 193.
[30] Vico, 1836, p. 46.
[31] "As *coisas civis celebradas* sob tais *Reinos* nos são narradas pela *História Heroica* com as muitas *Fábulas*, que contêm *contendas de canto*, tomada a palavra *canto* daquele *canere*, ou *cantar*, que significa *predizer*, e consequentemente *contendas heroicas* acerca dos *auspícios*" (Vico, 2004, p. 245).

rudeza linguística e de pobreza expressiva, movidas pela crítica humanista-renascentista e pelo petrarquismo e pela Arcádia contemporâneos, por outro lado, restitui vigor e grandeza aos versos que exprimiram a força vital do gênio nos tempos bárbaros. Se a poesia "teológica" reconduzia as necessidades do mundo humano às categorias e tipologias divinas, aquelas dos heróis foram também "histórias verdadeiras", adequadas ao tempo da barbárie das nações que retornaram a "uma extrema pobreza de falares", como atesta inclusive o uso exemplar da linguagem de Dante. Nesse contexto, pode ser reproposto o discurso acerca da singularidade de Dante, mas debruçada sobre a originalidade da sua "poesia sublime" como "História dos tempos bárbaros da Itália", referida às leis e aos conteúdos do curso histórico, sendo ordenada por uma "uma certa uniformidade do curso que faz a mente comum das nações ao começar a polir sua barbárie".[32] O que confirma a tese do "mitigar da barbárie" que na *Ciência nova* de 1725 coexistia com a referência à "barbárie extrema", não mais compatível com os critérios de explicação do humano a partir dos anos Trinta. Para resolver a oposição entre metafísica e poesia, intervieram as *Dignidades* da *Ciência nova* de 1730 e, em particular, a XLI, com o novo "*grande Princípio das coisas humanas*", que atribui às "ideias uniformes" de povos entre si desconhecidos um gênero comum de verdade e identifica nas primeiras fábulas aquelas "*verdades civis*" que fazem as "*Histórias dos primeiros povos*".[33] Assim, por oposição, compreende-se o devir dos costumes, o transcorrer dos homens de uma feroz dureza primitiva às insidiosas extenuações da "moleza dos nossos tempos!".[34] Essa se expressa, antes de tudo, numa crise do coletivo em favor do individual, que se recolhe sobre si mesmo em sua própria particularidade sem relações, chegando à "barbárie da reflexão", pior que a dos sentidos, causa da desintegração social e política das nações e dos povos em "*obstinadíssimas facções*" e "*desesperadas guerras civis*" que, como nos tempos de Dante, fazem "*selvas* das *cidades*, e das *selvas covis de homens*",[35] representados, na carta ao aluno e poeta degli Angioli, com "colérico engenho" em meio aos tormentos e às "iras implacáveis" do *Inferno*.[36] Quando a indefinida unidade primitiva do verdadeiro e do certo entra em crise, a reflexão mantém os homens ligados à sua condição histórica de plena maturidade, alcançada,

---

[32] Vico, 1836, p. 46.
[33] Vico, 2013b, p. 103.
[34] *Idem*, p. 93.
[35] *Idem*, p. 375.
[36] Vico, 1992, p. 124.

porém, ao se separarem da natureza, das propriedades das coisas e de suas raízes vitais. No entanto, o momento da decadência não coincide com a dissolução do humano, porque é um índice das possibilidades de intervenção da liberdade do homem, da potência de sua natureza limitada, corrompida. A *Divina Comédia*, enquanto história do tempo da barbárie "polida", pode ser útil para penetrar no universo da história da *mens* humana entre a vida e a morte, e apreender a nova tarefa da sabedoria, de manter unidas paixão e razão, corpo e *mens*, natureza e humanidade, "aquele difícil nexo de clareza e brevidade" apto a tornar "verossímil a história das coisas, dos fatos ou das pessoas que foram mencionadas pelo poeta". Assim, explica-se "com razoabilidade os seus sentimentos", e se pode chegar ao "conhecimento da beleza ou elegância, do ornamento ou da elevação dos seus falares".[37] Coerentemente, no *Juízo*, a língua da *Comédia* é identificada como aquela "comum da Itália", que retoma e desenvolve a ideia graviniana de um vernáculo italiano comum por natureza, descartando o outro motivo (aceito na *Ciência nova* de 1725) da sua argumentação, que, na esteira de Trissino, responsabilizava Dante de coletar os dialetos italianos e de depois introduzi-los artificialmente em um idioma comum. Segundo o juízo de Vico, como não existiam obras escritas nas diferentes línguas municipais, só presencialmente o poeta toscano poderia ter aprendido as línguas faladas pelos diferentes povos da Itália e, para isso, não lhe teria "bastado uma vida". Refutando o esquema racionalista, o novo empenho crítico estimula a investigação do mundo dos sentimentos poéticos e da língua dos "bons escritores" como Dante, "entrando no espírito disso que sentiram e que eles quiseram dizer".[38] Corresponde a esse destaque o reconhecido valor da educação literária de degli Angioli, aluno que Vico, em uma carta de 1726, considera ter se formado sem guias, mas com "sentimentos verdadeiramente poéticos, porque são desenvolvidos pelas sensações e não entendidos por reflexão",[39] longe de todo preceito e regra, como ao autor da *Comédia*. Fora da lógica do classicismo tradicional, das abstrusidades dos inúteis *dicionários* e de toda "outra científica alegoria", trata-se não de se colocar "na cadeira a explicar a Arte Poética", mas de incrementar a leitura "com aquele prazer que saboreiam as mentes humanas, [...] nesta época particularmente, em que se quer saber o próprio das coisas com clareza e facilidade".[40]

---

[37] Vico, 1836, p. 48.
[38] *Idem, ibidem*.
[39] Vico, 1992, p. 122.
[40] Vico, 1836, p. 48.

Para exercitar tal consciência, contribuiu também a investigação sobre o antigo direito romano e suas fontes, documentada na correspondência com Niccolò Concina. Em 1736, o dominicano, professor do Ateneu paduano, escreve a Vico, comunicando-lhe ter se referido, em duas de suas recentes lições,

> [...] à belíssima e erudita opinião de Vossa Senhoria de que as leis das XII Tábuas não haviam sido tomadas dos gregos: o que me despertou contra mim a fúria de alguns destes nossos professores de Jurisprudência Civil; mas o que eu não estimo muito, porque eles não são científicos, mas muito eruditos no fundo.

O estudioso paduano exprime o desejo de obter "alguma nova luz [...], se houver, e particularmente para desacreditar o relato de Tito Lívio e Dionísio Halicarnasso".[41] A resposta de Vico, em outubro do mesmo ano, introduz uma referência explícita ao "Manuscrito que aguarda a Terceira Impressão", relembrando o recurso à fonte clássica, Políbio, "autor que indiscutivelmente soube mais de Política do que Lívio e Dionísio, e floresceu duzentos anos mais próximo aos Decênviros".[42] E, o que é mais importante, é reproduzido o texto daquele "Adendo" que, no manuscrito napolitano da *Ciência nova* de 1744, integra o conteúdo da *Dignidade* XCII. Como na carta a Concina de 1736, é mencionada a edição Gronovio da obra de Polibiana, lá onde (lib. VI, n. IV *et seq.*) se "observa que a (constituição) Romana é diferente daquelas de Atenas e de Esparta", contribuindo para julgar inexistente "em Roma essa fábula das leis gregas vindas para ordenar-lhe o governo livre popular".[43] Argumentação essa que reflete o sentido da abordagem complexa da investigação viquiana sobre a história romana das origens e das relativas formas de governo, confirmando a adesão àquilo que foi definido (Mazzarino) como o modelo de evolução *retilínea* e constante, diferenciada no âmbito de cada ciclo histórico. Sustentar um tal modelo significa valorizar o mesmo método adotado na

---

[41] Vico, 1992, p. 183.
[42] *Idem*, p. 184.
[43] *Idem*, p. 185. Vide também: *Scienza nuova ed altri scritti autografi*, in BNN, ms. XIII D 79, cc. 61 bis r (*"Aggiunta*/alla pag. 61") e v. No manuscrito, duas anotações autografadas são significativas: (i) na margem inferior direita, para indicar que a "liberdade" ordenada em Roma pela suposta legislação ateniense era aquela "popular já antes fundada por Bruto"; (ii) na margem inferior direita, para acrescentar a seguinte reflexão: "O que é o mesmo que dizer que em Cartago era expressa a Lei que vetava aos Cartagineses saber a Língua grega" (*Idem*, cc. 61 bis r).

Prefácio

Ciência nova: aquela "contínua fadiga do método geométrico", já aplicado no *De uno* e contraposto, na resposta a Concina, aos "Sustentadores da Fábula das Doze Tábuas vindas da Grécia", cuja fúria será facilmente contida simplesmente replicando-lhes que eles arruínam os Princípios da Ciência nova, e culpando o método com a qual é conduzida: pois ressentir-se com conclusões surpreendentes é próprio de cérebros obtusos, que sentem o grosso das coisas, e débeis para suportar aquele *método*, com o qual inumeráveis verdades nascem maravilhosas na matemática, que são, também por aquela via, demonstradas.[44]

O epistolário é uma fonte interessante, porque contém ainda uma referência à notícia, recebida por Concina, de que havia sido mencionado no manuscrito, em curso de preparação, da *Ciência nova* de 1744. Aqui, de fato, ao lado de Grócio, Selden e Pufendorf, Vico inserirá um elogio ao estudioso paduano que, "tendo observado muitos erros e defeitos" em seus "sistemas" de direito natural, "meditou um que é mais conforme à boa filosofia e mais útil à sociedade humana".[45] Tal "adendo" de Vico foi certamente motivado pela leitura da *Oratio* de 1732, em que Concina atribui ao magistério *"viri scientia et eruditione praeclarissimi, atque in iure peritissimi Iohannis Baptistae Vici"*[46] a definição de metafísica (*"Divinae Philosophiae et Theologiae* [...] *ab heroicis usque temporibus"*) e aquela de jurisprudência em suas relações fundamentais com a *filosofia* e a *história*. Por certo, esse Vico de Concina, antes de ser o teórico da *ciência nova* da história, é o filósofo que estabelece a sua investigação sobre princípios coincidentes com os da metafísica cristã a fim de se defender das modernas teorias do utilitarismo, do ceticismo ético (Bodin, Hobbes, Espinosa, Bayle) e do direito natural (Pufendorf e Grócio). No opúsculo sobre as *Origines, fundamenta, et capita* [...] *iuris naturalis et gentium* – anunciado por seu irmão Daniele Concina ao filósofo napolitano em dezembro do ano da publicação (1734) –, Niccolò formulava um juízo muito lisonjeiro sobre a interpretação de Vico, elogiado, junto com Muratori e Doria, pelo "sumo engenho" e pela consciência de que *"Metaphysica* (*idest generalis, quae est ipsa Ontologia*) *sit omnis veri fons"*. É o que sustentavam, em particular, os capítulos do *De uno* em relação à "*humanae naturae cognitio*", que coincide com a autêntica metafísica, em condição de garantir a uniformidade e a "*disciplina iuris naturalis et gentium*" à luz da teórica aliança

---

[44] Vico, 1992, p. 184.
[45] Essa é a nota autografada localizada ao lado esquerdo do c. 270v no final do Corolário *"De' duelli, e delle ripresaglie"* (*Scienza nuova ed altri scritti autografi, op cit.*, cc. 265v-270v).
[46] Concina, 1732, p. XIV.

da jurisprudência com o desenho providencial.[47] A reflexão filosófica sobre o valor ético da existência e a pesquisa dos princípios da vida civil convergem para a finalidade comum de manter a investigação da *civitas* humana em relação à *lex* divina. A esse respeito, as meditações de Concina e o seu próprio vocabulário filosófico, desejoso de abarcar também a pesquisa etimológica,[48] apresentam um limite insuperável. Desprovido da original e poderosa capacidade transformadora da filosofia de Vico, o intérprete não focaliza as estruturas internas do pensamento que indaga. Ele se limita, de fato, a apreender de forma demasiado simplista as argumentações, sem reconhecer na sua "devoção" as muitas ideias contrastantes com o quadro problemático da teologia tradicional. No recurso exclusivo à *lex Dei* – que destina a gênese do mundo humano do *ius* ao *arcanum* –, a teorizada sintonia entre a *filosofia* viquiana e a *metafísica* tradicional oculta o conteúdo inovador da "*Teologia Civil Racional da Providência Divina*". A *metafísica* de Vico está relacionada com o *certum*, porque somente a partir da certeza dos *facta*, de sua tensão com o universal, irredutível ao mero dado empírico, é possível encontrar o *verum*. Este último, garantido pela Providência, não é o reflexo de uma relação exclusiva com o transcendente, porque encontra o *certo* no tempo, isto é, nos modos pelos quais se faz concretamente. A ciência desse encontro é uma ciência estranha aos "*Intérpretes Eruditos*", alheios à "*identidade das coisas*"; é a ciência *filológica*, sintonizada a uma nova dimensão do filosofar que põe no centro não mais o problema tradicional do *ser*, mas aquele moderníssimo da "natureza comum das nações" investigada em um "sistema", espelho do seu devir histórico.[49] Reafirma-se assim, em suma, o sentido da ciceroniana "metafísica do gênero humano", renovado em uma verdadeira comunidade de ações e de instituições, onde são identificadas relações intersubjetivas concretas e necessárias. A ordem universal a ser decifrada não é mais a *cósmica*, mas a *civil* que os homens fazem com a dignidade do seu agir. Esta última, diversamente dos comportamentos particulares e ocasionais, se traduz em uma *constância* e em uma *estrutura* reconhecíveis na vida das nações, em um *universal* que é a sua *natureza comum*. E, se a Providência entra em cena na *Ciência nova* para garantir à história humana uma ordem sem nunca a tornar *providencial*, a referência à uniformidade jurídica não é a reivindicação à identidade inerte

---

[47] Concina, 1734, pp. XXIII, XXVI-XXVII, IV, nota e VIII. A carta do seu irmão Daniele a Vico é aquela de Venezia, de 12 de dezembro de 1734 (Vico, 1992, p. 179).
[48] Concina, 1734, p. XXX.
[49] Vico, 2013b, pp. 59, 92, 332.

dos eventos, mas sim o sintoma da exigência de encarar cada *fenômeno* do mundo humano pela perspectiva da ética, dos princípios morais acordados pela religião cristã. Na correspondência, documentando isso, estão as ligações com a cultura meridional e, em particular, com o círculo do Duque de Laurenzana.

A Niccolò Gaetano di Laurenzana, o filósofo da *Ciência nova* dirigiu-se em 1732, agradecendo-lhe pelo envio da "Moral Senhoril", escrita para seus sobrinhos. Sobre as *Advertências em torno das paixões do ânimo*, ele pôde ler o parecer para a impressão de Matteo Egizio, convencendo-se de que ao autor "não falta nada para constituir um herói", tendo sabido ele unir "ao sangue nobre, à índole nobre", uma "educação nobre".[50] Vico recebeu dez exemplares da obra de presente, com o pedido de distribuir nove deles "aos seus amigos literatos". Assim lemos em uma carta do duque, de 14 de fevereiro de 1732, antes da resposta na qual Vico declarou a ele o seu sincero apreço pelas *Advertências*, obra de "Moral Senhoril" que põe "a Virtude na moderação das paixões" contra a rigidez dos estoicos e a "frouxidão" dos epicuristas, aproximando os clássicos (Platão e Aristóteles, Juvenal e Cícero) do elogiado modelo heroico-aristocrático que, com "obras sustentadas pela Religião e pela Piedade", deu uma contribuição fundamental para a compreensão da evolução da história humana. Apartados do ceticismo e do pirronismo histórico (Bayle), incrementam-se os conteúdos úteis à sabedoria civil.[51] No mesmo ano, Vico confidenciou a Giovo ter recebido de presente "outros doze exemplares" do que ele reitera ser uma notável "Moral Signoril", digna de "nobres escritores doutos" que sabem "dar lustro à Literatura" sem "ganho vil", contemplando "todos os aspectos da Vida Moral, Familiar e Civil" objeto da sabedoria clássica (grega e romana) e moderna (da Itália do século XVI), para se opor ao

> "Gênio do século" não gosta de encontrar-se nas ideias ótimas da vida; assim, deu tudo para cultivar estudos que mais deleitam as mentes do que aperfeiçoam os ânimos e que, quanto mais facilmente contentam os estudiosos dentro das solidões, tanto mais os tornam desagradáveis na Conversação Civil.[52]

A opereta do Duque renovava a memória desse "costume Heroico Romano", imitando o grande Cícero que dedicou o *De officiis* a seu único dileto filho. Vico confrontava seu estilo e seus conteúdos com os modelos

---

[50] Laurenzana, 1732, p. 2.
[51] Vico, 1992, p. 166.
[52] *Idem*, pp. 169, 170.

antigos (de Aristóteles, "que soube formar um Grande Alexandre", a Boécio, "o Platão Cristão"), inspirados pela religião e pela piedade, com os modernos *exempla* da "Virtude Signoril", reconhecida no doutíssimo Cardeal Sforza Pallavicino e no grande literato napolitano Diomede Carafa, a fim de manter "de pé a decadente reputação das Letras, que de outra maneira iria arruinar-se com a moda".[53] O nome do cardeal jesuíta foi evocado no *De mente heroica* a propósito das "ocupações" a serem perseguidas heroicamente pelos jovens. Após denunciar as limitações de Malebranche e de Pascal, dos seus "pensamentos muito profundos, mas fragmentados", Vico recordava a obra do cardeal, na minha opinião, não os cinco livros dos *Assertionum Theologicarum*, mas o *Del Bene* (1644).[54] Isso está documentado no epistolário que, em 1737, registra o diálogo do filósofo napolitano com o arcebispo de Bari e Canosa, Monsenhor Muzio Gaeta, que lhe apresentou a sua *Oração fúnebre a Bento XIII*, inspirada em Agostinho e Cícero. Vico julgou-a capaz de dar uma "perfeita Ideia do Heroísmo Cristão" e, ao mesmo tempo, uma "Moral Cristã demonstrada", tentada pelo cardeal apenas "no seu Tratado do Bem", diante dos "tropeços" e fracassos de Malebranche e de Muratori, de Pascal e de Nicole, que "confessavam quase a impossibilidade de serem bem-sucedidos nisso com os próprios títulos das suas divinas obras".[55] A obra em exame, longe de qualquer redução à biografia ou à hagiografia, é significativa por seu propósito original de elevar-se aos "Princípios Metafísicos, isto é, Sublimes e universais, da Virtude Cristã". Trata-se de provar a compatibilidade entre virtudes reveladas e naturais, de refletir sobre as origens das ideias (no centro das disputas dos modernos, que Vico relembra citando Arnauld e Malebranche, Leibniz e Newton), passando aos princípios da *mens* e dos corpos, mas não com método geométrico, como Espinosa, que induz ao ateísmo. A *Oração* assinalada, por outro lado, tem o mérito de reconhecer

---

[53] *Idem*, pp. 166-168 e p. 170, na qual, agradecendo a Giovo por ter enviado uma carta com o volume de Laurenzano, expressou a sua satisfação pela contribuição aos "Estudos em torno do homem", muito cultivados pela cultura grega e romana, retomados na Itália do século XVI, mas hoje "completamente abandonados", porque o "Gênio do século" se entregou a estudos "que mais deleitam as mentes", fazendo com que os estudiosos se satisfaçam em suas "solidões" a ponto de tornarem-se "desagradáveis na Conversação Civil".

[54] Vico, 1996, pp. 163, 165. Uma versão anastática da edição de 1732, *Iohannes Franciscus Pacius Regiae Universitatis Studiorum Typographus*, acha-se em apêndice em: Lomonaco, 2018, pp. 115-151.

[55] Vico, 1992, pp. 188, 189.

a perfeição dos corpos na grandeza do ânimo, cuja propriedade é a virtude, revelando a virtude heroica contida na ordem universal, da qual também se beneficiam "às vezes as desordens particulares".[56] Gaeta, por sua vez, esclarece o sentido de sua estratégia, que, partindo do reconhecimento do herói particular (Bento XIII), procede à demonstração da virtude heroica em geral, a partir do princípio perfectivo das mentes angelicais e humanas na ordem natural e sobrenatural, demonstrando-a com a noção inata que essas mentes têm do Círculo, "na qual se encontra a intenção principal da Obra".[57] Vico não hesita em respondê-lo, retornando à sua Metafísica de 1710 (o *Liber Metaphysicus* do *De antiquissima*), a fim de reiterar a crítica a Malebranche e os elogios a Gaeta, que soube combinar o particular e a "generalíssima Ideia do Princípio Arquetípico [...] demonstrado". O valor de seu trabalho está na tentativa bem-sucedida de transferir o "maravilhoso Organum de Bacon", o seu método indutivo e, com ele, "observações e experiências por via da síntese" para as "coisas Morais e Metafísicas".[58] A *Oração* de Gaeta inicia do universal, menos universal do que seu homem (Bento XIII), para proceder à análise mais geral do heroísmo, que se aproxima da unidade e da simplicidade do "homem arquetípico"; desce de Cristo à Mãe, às ordens angelicais e ao homem heroico, "entre esses homens mais solenes", até os graus dos seres menos solenes, para demonstrar "a ordem inteira".[59] Essa conclusão reafirma o fim da ética solitária e a crítica a toda separação abstrata entre o finito e o infinito. Uma possibilidade de mediação pode surgir da função civil da metafísica desde que seja coerente com a moderna prática "heroica". A passagem dos tempos antigos para os modernos é iluminada pela nova "metafísica do gênero humano" que torna heroica a transferência da moral na ação. A metafísica não é mais uma fuga do mundo, mas uma perspectiva teórica fundamental, feita de tensão ética à qual se pode confiar a compreensão da história humana.

Fabrizio Lomonaco
Università degli studi di Napoli Federico II

---

[56] *Idem*, p. 136.
[57] *Idem*, p. 192.
[58] *Idem*, pp. 197-198. A referência é ao conhecido capítulo VI (*De mente*) do *De Antiquissima*, em que *"Malebrancii doctrina arguitur"* sobre a delicada questão das ideias criadas por Deus na *"animi mens"* (Vico, 2013a, pp. 188, 189-191).
[59] Vico, 1992, p. 200.

APRESENTAÇÃO

A presente tradução das cartas e escritos menores de Giambattista Vico foi realizada pelas equipes do Grupo CNPq de Estudo da Filosofia de G. Vico da UFU e do Projeto de Extensão Entre Filosofias Antigas e Modernas da UEM, compostas por pesquisadores(as) da Universidade Federal de Uberlândia (UFU), da Universidade Estadual de Maringá (UEM), da Universidade de São Paulo (USP) e da Universidade Federal do Estado do Rio de Janeiro (Unirio).

As cartas e outros escritos de Vico foram selecionados segundo o critério da relevância filosófica e biográfica. No caso específico das cartas, levou-se em consideração pelo menos um dos seguintes critérios: ou a sua relevância (i) biográfica, como as cartas que tratam da recepção das obras de Vico e da sua fortuna pessoal, ou (ii) estilística, as mais aptas a ilustrarem as habilidades literárias e retóricas de Vico, ou (iii) heurística, nas quais o filósofo frequenta e ampara a investigação de temas e problemas abordados em suas obras. Foi com base sobretudo nesse último critério que os escritos menores de Vico entraram na presente edição. Na forma de Pareceres, de Prefácio ou Discurso, neles o filósofo e literato napolitano frequentou um sem-número de ideias e de teses que, formuladas e desenvolvidas em seus principais livros, lhe granjeariam o justo elogio de filósofo genial e sem paralelos. Sobressaem na nossa seleção principalmente as teorizações viquianas sobre a poesia e a retórica, expressas, porém, em um ritmo argumentativo original, menos rígido do que o adotado em seus livros, ditado certamente pelas ocasiões profissionais que lhes engendraram; razão pela qual têm valor também estilístico.

O formato bilíngue da edição corresponde ao desejo de promover uma publicação que divulgue efetivamente a obra e o pensamento de Vico no

APRESENTAÇÃO

mundo lusófono, mas que, além disso, possa alcançar o crédito de edição Acadêmica apropriada à pesquisa, mantendo colados à acessibilidade do vernáculo os originais na língua do autor.

Para nossa tradução, contamos com o suporte do ISPF (Istituto per la Storia del Pensiero Filosofico e scientifico moderno), dirigido por Manuela Sanna, que nos autorizou, e a quem agradecemos efusivamente, a utilizar a edição crítica do Epistolário de Vico como fonte do texto original que acompanha lado a lado o texto da nossa tradução.

Os originais das Cartas, publicados nesta edição, reproduzem fielmente os constantes no "Volume XI" da edição crítica das *Opere di Giambattista Vico*: *Epistole, con aggiunte le epistole dei suoi corrispondenti*, de Manuela Sanna, publicado em 1992 pela Morano de Nápoles.[1] Para a comodidade utilizou-se a versão eletrônica do mesmo volume, editada por L. Pica Ciamarra e A. Sansone e publicada no número IV de 2007 do periódico *Laboratorio dell'ISPF*, em duas partes: volume 1 (*Prima parte: 1693-1728*)[2] e volume 2 (*Seconda parte: 1729-1743*).[3]

Os originais seguem em tudo o aparato crítico da versão eletrônica, que, com ajustes sutis tendo em vista a impressão:

- Usa a barra [I] para paginação original do manuscrito;
- Usa os parênteses [( )] para o caso das palavras abreviadas no texto original e para a duplicação das letras originalmente escritas como simples;
- Usa os parênteses [( )] no caso de lacunas no texto devido ao desgaste;
- Usa as barras [I...I] para indicar, entre elas, a paginação da edição crítica de 1992;
- Usa o "p" para indicar que a mudança de página implica a separação das sílabas da palavra precedente;
- Usa os colchetes [[...]] no sumário para indicar a numeração das cartas na edição crítica;
- Mantém a pontuação e a acentuação das palavras originais de Vico.

---

[1] A edição crítica das *Opere* de Vico é uma iniciativa do *ISPF* e põe em prática a ideia nascida no *Centro di Studi Vichiani* de recuperar os originais de Vico em uma edição das obras do filósofo alternativa à tão celebrada de Nicolini, muitíssimo erudita, apesar de arbitrária também nas muitas intervenções ao texto.
[2] Vico, 2007a.
[3] Vico, 2007b.

Epistolário

A partir da edição crítica italiana das *Epistole*, superior filologicamente às demais, foi possível trazer para a tradução brasileira a tipografia original das maiúsculas e dos itálicos, que procuramos reconstituir em nome da importância que Vico concede à questão da iconologia e da linguagem visual, recursos que certamente amplificam e intensificam a expressão de sua prosa artística. Convictos de que a prosa de Vico é artisticamente construída, procuramos recriar a pontuação, os longos e homéricos períodos, as repetições, o ritmo, a sonoridade, as figuras de linguagem, as intervenções da oralidade e da interlocução, o rebuscamento, entre outras coisas que consideramos funcionais e significativas à proposta de discurso filosófico-poético do autor. Citações e títulos em latim foram traduzidos entre parênteses. Os nomes mencionados por Vico são vertidos à maneira brasileira: alguns são traduzidos, principalmente antigos gregos e latinos; outros, mantidos na versão original, sobretudo os estrangeiros da época de Vico; outros, enfim, são conservados tal como Vico os menciona, quando se trata de autores italianos.

Quanto aos textos italianos do apêndice com os Escritos Menores de Vico, porque lhes falta uma edição crítica, recorremos à edição de Giuseppe Ferrari.[4]

SOBRE A TRADUÇÃO

Marcelo Lopes Rosa (UFU/IFPR) traduziu as cartas a Gian Mario Crescimbeni de 5 ou 12 de julho de 1710 e de 11 de junho de 1712, a Apostolo Zeno de outubro de 1710, a Bernardo Maria Giacco de 14 de julho de 1720, a Filippo Monti de 18 novembro de 1724 (em parceria com **Vladimir Chaves dos Santos**) e os escritos menores: *Juízo em torno da gramática de Antonio de Aronne* e *Discurso para uma abertura anual da Academia* (em parceria com **Eduardo Leite Neto**). **Sertório de Amorim e Silva Neto** (UFU) traduziu as cartas a Bernardo Maria Giacco de 12 de outubro de 1720, de 27 de outubro de 1721 e de 25 de outubro de 1725, a Gherardo degli Angioli de 26 de dezembro de 1725, a Luigi Esperti de 1726, a Edouard de Vitry de 20 de janeiro de 1726, e os escritos menores: *Prefácio às Rimas selecionadas de Gherardo de Angelis* e *Juízo sobre Dante*. **Amanda Passarella Araújo** (UEM) traduziu as cartas a Ludwig von Harrach de 1731 e a Jean Leclerc de 9 de janeiro de 1722 (em

---

[4] Vico, 1836.

APRESENTAÇÃO

parceria com **Peterson Razente Camparotto**). **Cecília Lemes Silva** (UFU) traduziu as cartas a Eugenio di Savoia de 12 de dezembro de 1722 e a Jean Leclerc de 5 de novembro de 1725 (em parceira com **Luana Chuq de Jesus**). **José Frederico Brescianini** (UEM) traduziu as cartas a Bernardo Maria Giacco de 3 de junho de 1724 e a Carlo di Borbone de antes de 5 de julho de 1734. **José Valdir Teixeira Braga Filho** (USP) traduziu as cartas a Luigi Esperti de 18 de novembro de 1725, a Angelo Callogerà de 11 de outubro de 1728 e a Bernardo Maria Giacco de 4 de dezembro de 1729. **Priscila Aragão Zaninetti** (USP) traduziu as cartas a Muzio Gaeta de 1 ou 2 de outubro de 1737 e a de 1737, e a Lorenzo Corsini de 20 de novembro de 1725. **Vladimir Chaves dos Santos** (UEM) traduziu as cartas a Francesco Saverio Estevan de 12 de janeiro de 1729 e a Filippo Monti de 18 novembro de 1724 (em parceria com **Marcelo Lopes Rosa**). **Eduardo Leite Neto** traduziu as cartas a Tommaso Russo de 7 de novembro de 1729 e a Francesco Spinelli de 1730, os escritos menores: *Juízo em torno da gramática de Antonio de Aronne* e *Discurso para uma abertura anual da Academia* (em parceria com **Marcelo Lopes Rosa**) e *Parecer: Cinco Tragédias de Vincenzo Gravina*. **Humberto Guido** traduziu a carta a Nicola Gaetani di Laurenzano de 1 de março de 1732. **Ana Carla Rodrigues Ribeiro** (UEM/Unirio) traduziu as cartas a Niccolò Giovo de 1732 e a Carlo di Borbone de 1740. **Vitoria Vincent de Freitas** (UEM) traduziu a carta a Giuseppe Pasquale Cirillo de 30 de agosto de 1733. **Peterson Razente Camparotto** (UEM) traduziu as cartas a Niccolò Concina de 16 de setembro de 1736 e a Jean Leclerc de 9 de janeiro de 1722 (em parceria com **Amanda Passarella Araújo**). **Luana Chuq de Jesus** traduziu a carta a Jean Leclerc de 5 de novembro de 1725 (em parceira com **Cecília Lemes Silva**).
Com a revisão técnica de **Sertório de Amorim e Silva Neto** (UFU) e **Vladimir Chaves dos Santos** (UEM).

Esta publicação contou com o financiamento da Università degli Studi di Napoli Federico II e da Fundação Fausto Castilho, e foi realizada em parceria com a Universidade Federal de Uberlândia (UFU) e a Universidade Estadual de Maringá (UEM).

REFERÊNCIAS

CONCINA, N. *Oratio. Habita in Gymnasio patavino cum primum ad metaphysicam publice profitendam accederet*, Venetiis, s. t., 1732.

____. *Origines, fundamenta, et capita prima delineata iuris naturalis et gentium quae explicabit in Gymnasio patavino*, a mense novembri anni 1734.

LAURENZANA, N. G. *Degli Avvertimenti intorno alle passioni dell'Animo*. Libri IV di Niccolò Gaetano Dell'Aquila D'Aragona, Signore di tutta la Famiglia, A' suoi Nipoti, in Napoli, nella Stamperia di F. Mosca, 1732.

LOMONACO, F. (org.). *Eroicamente Vico. Medicina, vita civile e ragione poetica nel De mente heroica*. Napoli, Aracne, 2018, pp. 115-151.

SCOGNAMIGLIO, A. *Nono contributo alla bibliografia vichiana (2011-2015)*. Roma, Edizioni di Storia e Letteratura, 2018.

VICO, G. *Opuscoli di Giambattista Vico, novamente pubblicati con alcuni scritti inediti*, a cura di G. Ferrari. Milano, Società Tipografica di Classici Italiani, 1836.

____. *Scritti vari e pagine sparse*, a cura di F. Nicolini. Bari, Laterza & Figli, 1940.

____. "Liber Alter qui est De Constantia jurisprudentis". *Opere giuridiche*, a cura di P. Cristofolini. Firenze, Sansoni, 1974.

____. "Oratio III". *Le Orazioni inaugurali I-VI*, a cura di G. G. Visconti. Bologna, il Mulino, 1982.

____. *Epistole: con aggiunte le epistole dei suoi corrispondenti*, a cura di M. Sanna. Napoli, Morano, 1992.

____. "De mente heroica". *Varia. Il De mente heroica e gli scritti latini minori*, a cura di G. G. Visconti. Napoli, Guida, 1996.

____. *Cinque libri di Giambattista Vico de' Principj d'una Scienza Nuova d'intorno alla comune natura delle Nazioni in questa seconda Impressione con più propia maniera condotti, e di molto accresciuti*, a cura di P. Cristofolini e M. Sanna. Napoli, Guida, 2004.

____. "Epistole, con aggiunte le epistole dei suoi corrispondenti (Prima parte: 1693-1728)", a cura di L. Pica Ciamarra e A. Sansone. *Laboratorio dell'ISPF*, IV, 1, 2007a.

____. "Epistole, con aggiunte le epistole dei suoi corrispondenti (Seconda parte: 1729-1743)", a cura di L. Pica Ciamarra e A. Sansone. *Laboratorio dell'ISPF*, IV, 2, 2007b.

VICO, G. "Risposta di Giambattista Vico all'articolo X del tomo VIII del Giornale de'Letterati d'Italia". *De antiquissima Italorum sapientia ex linguae latinae originibus eruenda*, a cura e con introduzione di F. Lomonaco, postfazione di C. Megale. Nápoles, Diogene edizioni, 2013a.

____ . *Principj di Scienza Nuova di Giambattista Vico d'intorno alla comune natura delle Nazioni in questa terza Impressione dal medesimo Autore in un gran numero di luoghi Corretta, Schiarita, e notabilmente Accresciuta*, a cura di P. Cristofolini e M. Sanna. Roma, Edizioni di Storia e Letteratura, 2013b.

____ . *De nostri temporis studiorum ratione*, a cura di F. Lomonaco. Napoli, Diogene edizioni, 2014a.

____ . *Principi di una Scienza nuova intorno alla natura delle nazioni per la quale si ritruovano i principi di altro sistema del diritto naturale delle genti*, a cura e con introduzione di F. Lomonaco. Napoli, Diogene, 2014b.

Epistolário
Cartas escolhidas e escritos menores

Epistole
Lettere scelte e Scritti vari

Lettere scelte

Cartas escolhidas

8. A GIAN MARIO CRESCIMBENI

Ill(ustrissi)mo Sig(no)re Sig(nor) mio e P(adro)ne Ott(i)mo

    Rendo infinite gratie, e professo eterne obligationi a tutta cotesta preclarissima Accademia, e specialmente a V(ostra) S(ignoria) Ill(ustrissi)ma che mi ha promosso all'honore di esservi annoverato; che è tanto dire, quanto di havermi distinto con un carattere di protestata letteratura: quando in me non riconosco altro pregio, senonche un desiderio di conseguirla, ed una riverenza verso coloro, che l'hanno aggiunta |p. Talchè avvisandomene immeritevole, e conoscendo |83p|, che non temerariamente vogliate decorare alcuno, e farlo degno della vostra dottissima Adunanza; stimo, che, havendo forse le S(ignorie) V(ostre) Ill(ustrissi)me veduto qualche mia debole fatiga, dalla quale habbiate fatto congettura che io potessi tentare cosa maggiore, me ne habbiate, con honorarmi sifattamente, voluto dare uno stimolo. Se la mia avversa fortuna, e le mie indispositioni me'l permetteranno, m'adoprarò, che affatto non vada in vano cotesto vostro giudizio: se potrò mai ridurre a fine un'opera che mi ritruovo haver meditato in honore della veneranda natione d'Italia, nella quale ad esempio di Platone nel *Cratilo,* vado rintracciando dalle origini delle voci latine la sapienza degli antichi Italiani, la quale conspira in un nuovo sistema di tutte e tre le Filosofie che professarono gli antichi Toscani principalmente, e gli Joni, delle quali due nationi ha le sue origini la latina favella. In particolar nome poi mi professo a V(ostra) S(ignoria) Ill(ustrissi)ma sommamente dovuto, per l'honore di che mi degna, disegnando di rappresentarmi tra Poeti viventi, ornati di stile, da' quali possa prendersi esempio. Ma perchè queste amenità se ne andarono via da me con l'età serena, mando a V(ostra) S(ignoria) Ill(ustrissi)ma un sonetto, che si ritruova nella raccolta dell'Acampora, che trascrivo qui in dietro. Del rimanente sì come V(ostra) S(ignoria) Ill(ustrissi)ma ha tanta bontà di onorarmi di sì segnalati favori; così veda in che possa io mai esserle di utile, o di grado, e mi v'impieghi co' suoi riveriti comandi, e le fo humilissima riverenza.

    Di V(ostra) S(ignoria) Ill(ustrissi)ma
       Div(otissi)mo et Obb(ligatissim)o Servitor Vostro
       Giambattista Vico

A GIAN MARIO CRESCIMBENI

Ilustríssimo Senhorio, Senhor Meu e Patrono Ótimo

Agradeço infinitamente e professo minhas eternas dívidas a toda essa celebríssima Academia, e especialmente a Vossa Senhoria Ilustríssima, que me deu a honra de fazer parte dela, vale dizer, de ter-me distinguido como uma personalidade de reconhecida literatura, mesmo quando em mim não reconheço outro mérito a não ser o desejo de consegui-la e uma reverência por aqueles que já a alcançaram. De tal forma que, percebendo-me indigno dela e sabendo que não quereis temerariamente condecorar alguém e torná-lo digno de vossa doutíssima Associação, creio que, tendo talvez Vossa Senhoria Ilustríssima visto algum humilde trabalho meu, pelo qual supusestes que eu pudesse tentar coisa maior, quisestes dar-me um estímulo, ao honrar-me tanto assim. Se a minha adversa fortuna e as minhas moléstias me permitirem, muito me empenharei para que de fato esse vosso juízo não seja em vão: se eu puder levar a cabo uma obra que me encontro meditando para honra da venerável nação da Itália, na qual, a exemplo de Platão no *Crátilo*, vou investigando a partir das origens dos vocábulos latinos a sabedoria dos antigos Italianos, a qual converge em um novo sistema de todas as três Filosofias que foram professadas principalmente pelos antigos Toscanos e pelos Jônios, de cujas nações se origina a língua latina. De modo especial, eu então me declaro sumamente em dívida com Vossa Senhoria Ilustríssima pela honra que me concedeis, com o plano de apresentar-me entre os Poetas vivos adornados de estilo, que podem ser tomados como exemplo. Mas, porque com a idade serena deixei de lado essas amenidades, envio a Vossa Senhoria Ilustríssima um soneto que se encontra na coletânea do Acampora, que vem atrás transcrito. De resto, assim como Vossa Senhoria Ilustríssima tem a bondade de honrar-me com tais favores, veja então em que eu possa lhe ser útil ou do seu agrado, e me empregue com as suas veneráveis ordens. E com a minha mais humilde reverência.

De Vossa Senhoria Ilustríssima
   Devotíssimo e Obedientíssimo Servidor Vosso
     Giambattista Vico

[Nápoles, julho de 1710]

9. AD APOSTOLO ZENO

Ill(strissi)mo Sig(no)r Sig(no)r mio e Pad(ron)e S(empr)e Col(endissi)mo

Con tutta quella riverenza, che si dee ad huomo di tante ottime conoscenze, di quante à V(ostra) S(ignoria) Ill(ustrissi)ma Le mando il primo libro de Antiquissima Italoru(m) Sapientia, continente la *Metafisica*. Priego V(ostra) S(ignoria) Ill(ustrissi)ma a leggerla con quella consideratione, che se vi ha alcuna cosa di buono (che sarà |84| definito dalla v[ost]ra Censura) ei proviene dallo stimolo, che mi havete dato ad ardire alcuna cosa sopra delle mie deboli forze con le pregiatissime lodi, di che mi havete ornato nel Vostro honorevolissimo Giornale. Manderò fuori gli altri due promessi fra brieve, se me'l permetteranno le mie continove occupationi, e faranno | alcuna pausa le indispositioni, che tutto giorno m'affliggono. Appresso manderò di questo più essemplari con occasione più propria. Ma ardisco per ora supplicarla ad haver la bontà di farne copia al Sig(no)r Trivisani, il quale mi pare in questa sorte di studj profondamente versato: poiche il suo savjssimo Libro del buon gusto altro non sembra, che una metafisica soprafina portata giù fin all'intendimento delle Dame, e della Corte; il che non si potea fare, se non da huomo di sì fatta scienza dottissimo, che cose per sua natura altissime discendano negl'intendimenti | volgari: ed oltre a lui farne anche copia al Sig(no)r Carofalo, dal quale mi vedo con gentilissime maniere obligato per tutti i versi: poiche il Sig(no)r Egitio mi dice, che esso mi honorò nel rapportare e far giuditj della mia dissertatione : ed insieme portare ad entrambi tutti i miei ossequiosi rispetti: e restandomi anzioso del vostro temuto, e desiderato giuditio, fo a V(ostra) S(ignoria) Ill(ustrissi)ma hum(ilissim)a riv(erenz)a.

Nap(oli), ultimo di ottobre 1710
    Di V(ostra) S(ignoria) Ill(ustrissi)ma
        Divot(issi)mo et Oblig(atissi)mo Ser(vitor)e vero
            Giambattista Vico

A APOSTOLO ZENO

Ilustríssimo Senhorio, Senhor meu e Patrono sempre Colendíssimo

Com toda a reverência que se deve a um homem de tantos ótimos conhecimentos quantos são os de Vossa Senhoria Ilustríssima, envio-Lhe o primeiro livro da *Antiquissima Italorum Sapientia* [*Antiquíssima Sabedoria Itálica*] que contém a *Metafísica*. Rogo a Vossa Senhoria Ilustríssima que a leia com a consideração de que, se há nela algo de bom (o que será definido pela vossa Censura), isso provém do estímulo que me destes a ousar algo além das minhas débeis forças com os valorosíssimos elogios com os quais me adornastes em Vosso honorabilíssimo Jornal. Se as minhas ocupações de sempre me permitirem e se as indisposições que diariamente me atormentam fizerem alguma pausa, em breve trarei à luz os outros dois que prometi. Na melhor ocasião, sem demora, enviarei mais exemplares. Mas, por ora, atrevo-me a suplicar-lhe a bondade de fazer uma cópia para o Senhor Trivisani, que me parece profundamente versado nessa sorte de estudos, pois o seu sapientíssimo Livro sobre o bom gosto não lembra outra coisa senão uma metafísica refinada, trazida de cima para baixo até o entendimento das Damas e da Corte, e fazer com que coisas por sua natureza altíssimas desçam até os entendimentos vulgares é algo que só pode ser feito por um homem doutíssimo em tal ciência. Além dele, peço que faça uma cópia também ao Senhor Carofalo, a quem gentilmente agradeço por tudo, pois o Senhor Egitio disse-me que ele me deu a honra de mencionar e de fazer juízos sobre a minha dissertação. Juntamente com isso, peço que transmita a ambos todo o meu obsequioso respeito. Aguardando ansioso por vosso respeitado e desejado juízo, faço à Vossa Senhoria Ilustríssima humilíssima reverência.

Nápoles, último dia de outubro de 1710
    De Vossa Senhoria Ilustríssima
        Devotíssimo e Muitíssimo Grato Servidor verdadeiro
            Giambattista Vico

10. A GIAN MARIO CRESCIMBENI

Lo strepito che ha fatto la novella giunta costà, che io avendo prima data parola di onore in iscritto, non dividermi dalla vecchia Arcadia, abbia da poi dato il nome alla nuova del Sig(no)r Gravina, mi fece per qualche ora vivere vanamente lusingato, che io forse sia da molto più di quello che mi reputo. Ma finalmente lasciando di ricercarmi fuori, trovai infatti, che a riguardo degli altri, ai quali questo affare poco o nulla importa, ella è un arte, che usano i più |85| avveduti e ben parlanti, i quali per aggravare un uomo che ha fallito, ne esagerano la prudenza e la gravità; ma per quello che s'appartiene a V(ostra) S(ignoria) Ill(ustrissi)ma ed al Sig(no)r Gravina, cotesta grave opinione di me è nata dall'affetto, che amendue le Signorie Loro Ill(ustrissi) me portano a me, e ciascuno alla sua causa. Però cotesta medesima affezion vostra ha fatto, e che a V(ostra) S(ignoria) Ill(ustrissi)ma benchè con tante riserbe, quante gliene poteva dettare la sua gran civiltà, è caduta in sospetto, che io sia mancato a Lei; e il Sig(no)r Gravina ha creduto, che io in ogni modo, e senza alcuna riserba, mi sia dato a lui. Ma io sono quello istesso che pochi mesi fa, essendo quà venuto un tal Sig(no)r Nardini con incommessa di fondare quì una nuova Colonia d'Arcadi, mi ci opposi fortemente, come il Sig(no)r Avitabile potrà ragguagliarla. Non ha molti giorni che il Sig(no)r Abate Belvedere, uomo onesto e grave quanto altri mai, e di assai buon gusto delle Lettere, e degli uomini letterati |p, in presenza del Sig(no)r Giuseppo Macrino, testimonio d'intiera fede, mi disse che il Sig(no)r Gravina volea fondare un'Accademia, nella quale convenissero uomini di prima letteratura. Io dopo aver risposto ciò, che il mio poco merito mi ammoniva, dissi che era tenuto per obbligo di parola data in iscritto, non dividermi dalla antica Arcadia. Egli replicommi che questa era altra cosa, come quella, nella quale non era legge di comporre, e recitare in genere pastorale, e che quì non avrebbe a dedursi Colonia Alcuna. Io riflettei che queste erano due cose, le quali rendevano affatto diversa questa nuova Accademia, quanto altra è una repubblica incivilita da una comunità di pastori, ed un imperio, che si chiude dentro certi confini, da quello che si diffonde con disuguali alleanze per le colonie.

A GIAN MARIO CRESCIMBENI

O estrépito do boato que chegou aqui, de que eu, tendo primeiro dado minha palavra de honra por escrito de não me desligar da velha Arcádia, tenha depois dado o nome à nova do Senhor Gravina, fez-me por algumas horas viver em vão vaidoso de ser talvez muito maior do que me reputo. Mas, finalmente, deixando de pautar-me pela opinião alheia, para a qual esse assunto pouco ou nada importa, descobri de fato que é um artifício que utilizam os mais espertos e bem-falantes, os quais, para agravar a situação de um homem que falhou, exageram sua prudência e gravidade; mas, no que diz respeito a Vossa Senhoria Ilustríssima e ao Senhor Gravina, essa grave opinião a meu respeito nasceu do afeto que ambas as Suas Senhorias Ilustríssimas têm por mim, e cada um por uma causa. Porém, essa mesma afeição vossa fez com que Vossa Senhoria Ilustríssima, ainda que com tantas reservas quanto lhe podia ditar a sua grande civilidade, suspeitasse que eu teria faltado com o Senhor, e que o Senhor Gravina acreditasse que eu, de todo modo, e sem qualquer reserva, tenha me filiado a ele. Mas eu sou aquele mesmo que há poucos meses atrás, depois de vir para cá um tal Senhor Nardini com a missão de fundar aqui uma nova Colônia de Árcades, a isso se opôs fortemente, como o Senhor Avitabile poderá detalhar-lhe. Não faz muitos dias que o Senhor Abade Belvedere, homem honesto e sério como nenhum outro e de muitíssimo bom gosto pelas Letras e pelos literatos, na presença do Senhor Giuseppo Macrino, testemunho de íntegra fé, disse-me que o Senhor Gravina queria fundar uma Academia na qual se reuniriam homens de primorosa literatura. Eu, depois de ter respondido o que o meu pouco mérito me aconselhava, disse que tinha a obrigação, devido à palavra dada por escrito, de não me desligar da antiga Arcádia. Ele me replicou que essa era outra proposta, na qual não haveria a regra de compor e recitar em gênero pastoril, e que aqui não teria que se fundar Colônia Nenhuma. Eu ponderei que essas eram duas coisas que tornavam de fato diferente essa nova Academia, tanto quanto difere uma república civilizada de uma comunidade de pastores, e um império que se fecha dentro de certos confins difere daquele que se expande com diferentes alianças pelas colônias.

A questo aggiunsi fra meco, che dovendosi in questa annoverare Letterati di primo rango, non potea esser già quella, che innanzi il Sig(no)r Gravina volea promuovere col nome di nuova Arcadia, a cagione che il Nardini vi avea quì ascritto uomini giovanetti di grande forza, ma non già conosciuta Letteratura. Perciò mi mossi a dare al Sig(no)r Belvedere il mio nome. Che se poi il Sig(no)r Gravina ha l'istessa mente che pochi mesi fa, di fondare nuova Arcadia con tanti pastori; mancando una principal circostanza del rappresentatomi dal Sig(no)r Belvedere, e cadendo la faccenda nel | caso, al quale apertamente, mi era innanzi opposto, non ha dubbio, che giustamente manchi in me la volontà |86p| di esservi annoverato. Priego V(ostra) S(ignoria) Ill(ustrissi)ma a ricevere benignamente questa mia giustificazione, e farne copia a chi vuole per sincerare la mia puntualità. Ed a V(ostra) S(ignoria) Ill(ustrissi)ma bacio riverentemente le mani

Napoli 11 Giugno 1712
   Di (Vostra) S(ignoria) Illu(strissi)ma alla quale supplico vivamente a tenermi per iscusato se non Le ho scritto di propria mano, essendo travagliato da un artritide vaga, che al presente mi tormenta il braccio destro.

   Giambattista Vico

Nesse sentido, considerei cá comigo que, devendo nela incluir-se Literatos de primeiro nível, já não podia ser aquela que antes o Senhor Gravina queria promover sob o nome de nova Arcádia, porque aqui o Nardini havia inscrito nela homens jovens de grande força, mas não de reconhecida Literatura. Por isso, fui dar ao Senhor Belvedere o meu nome. Como depois o Senhor Gravina mantém a mesma ideia de poucos meses atrás, de fundar a nova Arcádia com tantos pastores, faltando a principal condição apresentada pelo senhor Belvedere e recaindo essa iniciativa naquele caso ao qual eu tinha antes me oposto abertamente, não há dúvida de que justamente me falta a vontade de ser nela incluído. Peço para que Vossa Senhoria Ilustríssima receba benignamente esta minha justificativa e a disponibilize para quem quiser verificar a minha retidão. Beijo reverentemente as mãos de Vossa Senhoria Ilustríssima

Nápoles, 11 de junho de 1712
    De Vossa Senhoria Ilustríssima, à qual suplico vivamente que me desculpe se não Lhe escrevi de próprio punho, por sofrer de uma certa artrite que neste momento me atormenta o braço direito.

        Giambattista Vico

11. A BERNARDO MARIA GIACCO

Rev(erendissi)mo P(ad)re Sig(no)re e P(adro)ne S(ignor)e Oss(ervandissi)mo

 Se vi fusse questa legge, che l'opere letterarie si dovessero a que' dotti uomini soli rigalare, che abbiano come renderne il controcambio, e se ne riportarebbero giudizj più equi, ed ogni uno si studiarebbe piu di far, che di dire, per rendersi veramente degni di doni sì fatti: come degnissima è V(ostra) P(aternità) Rev(erendissi)ma, che di tempo in tempo ne fa godere le opere am(m)irabili del suo divinissimo ingegno. Le mando un mezzofoglio di carta, che ha fatto nell'una e nell'altra parte de' gran movimenti in questa Città. Ha truovato favore appo dottissimi uomini, perche i potenti sempre furono generosi, come i poveri sempre invidi. Io mi sono sforzato lavorare un sistema della Civiltà, delle republiche, delle leggi, della Poesia, dell'Istoria, e in una parola di tutta l'umanità, e in conseguenza di una Filologia ragionata; e di tutto ciò, che fin da' primi greci ci è pervenuto così o vano, o incerto, o assurdo, come vi fossero stati tempi, che gli uomini parlassero o senza idea, o per non esser'|87p|intesi, o per cianciare da senno; io ne rendo ragioni tali e si fatte, che con quelle altre innumerabili | convenendo, vi riposa sopra sodisfatta la mente: fin tanto che o non mi si arrechi un sistema migliore, o no(n) vogliamo pur seguitare a pensare di sì fatte cose così sconciamente, come si è fatto per lo passato. Frattanto temo del v(ost)ro giudizio raffinato cotanto nella buona Critica, e perciò cotanto raffinato, perche arricchito prima di una sceltissima Topica; e temo, che non mi troviate in fallo o nelle posizioni, o nelle conseguenze: che se io ne riporto favorevole giudizio, che altro vado cercando, che piacere ad un' uom dotto, che è in ammirazione de' dottissimi? ed a V(ostra) P(aternità) Rev(erendissi)ma fo divotissima riv(erenz)a.

Nap(oli), 14 luglio 1720
 Di V(ostra) P(aternità) Rev(erendissi)ma
  Divot(issi)mo et Oblig(atissi)mo Ser(vito)re vero
   Giambattista Vico

A BERNARDO MARIA GIACCO

Reverendíssimo Senhor Padre e Senhor Patrono Respeitadíssimo

Se houvesse esta lei segundo a qual as obras literárias devem ser presenteadas apenas àqueles homens doutos que têm como dar a contrapartida, a elas se dirigiriam juízos mais equânimes e cada um se dedicaria mais ao fazer do que ao dizer, para tornar-se verdadeiramente digno de tais dons, como disso é muito digna Vossa Paternidade Reverendíssima, que de tempos em tempos nos faz apreciar as obras admiráveis do seu diviníssimo engenho. Envio-lhe uma meia folha de papel, que provocou aqui e ali uma grande agitação nesta Cidade. Encontrou boa acolhida entre homens doutíssimos, porque os poderosos sempre foram generosos, assim como os pobres sempre invejosos. Eu me esforcei por trabalhar um sistema da Vida Civil, das repúblicas, das leis, da Poesia, da História, em uma palavra, de toda a humanidade, e como consequência de uma Filologia racional; e de tudo o que desde os primeiros gregos nos chegou de vão, incerto ou absurdo, como se tivessem existido tempos em que os homens falassem sem ideias, por não serem entendidos ou por tagarelarem loucamente, eu dou razões tais, que, concordando com aquelas inumeráveis outras, fazem a mente repousar ali satisfeita, enquanto não me ocorra um sistema melhor ou não quisermos seguir pensando essas coisas tão deturpadamente, como se fez no passado. Enquanto isso, temo o vosso juízo tão refinado na boa Crítica, e tão refinado assim porque enriquecido, primeiro, de uma seletíssima Tópica; e duvido que não me encontreis em erro nas teses ou nas consequências; se recebo um juízo favorável sobre elas, que outra coisa eu estaria procurando senão agradar um homem douto, que tem a admiração de doutíssimos? À Vossa Paternidade Reverendíssima, faço minha devotíssima reverência.

Nápoles, 14 de julho de 1720
    De Vossa Paternidade Reverendíssima
        Devotíssimo e Muitíssimo Grato Servidor verdadeiro
            Giambattista Vico

13. A BERNARDO MARIA GIACCO

Riv(eritissi)mo P(ad)re Sig(nor)e, e P(adro)ne Col(endissi)mo

Non attribuisca V(ostra) P(aternità) Rev(erendissi)ma a poca attenzion mia, peroche dopo ben molti giorni io risponda alla v(ost)ra pregiatissima l(ette)ra ; perche io l'ho riputata tanto superiore al mio merito che ho stimato ben fatto, portarvene almeno le lodi delle quali più lodati Huomini l'havessero prima adornata. Io per mio sommo pregio l'ho letta a molti miei Sig(no)ri et amici, ammiratori insieme dell'altissimo valor vostro, tra' quali il Sig(no)r D(on) Fran(cesc)o Ventura, il Sig(no)r D(on) Muzio di Majo, il Sig(no)r D(on) Aniello Spagnuolo, che vi mandano mille riverenti saluti, ne hanno som(m)amente lodato la proprietà del giudizio, (se pur l'opra mia fosse tale, quale Voi con quella v[ost]ra solita maniera grande l'havete appresa) e ne hanno am(m)irato il sublime torno di concepire, dal quale esce, come da se, il gran parlare con la rara nota di una eroica naturalezza. Onde il Sig(no)r D(on) Marcello Filomarino, che va in ricerca di lettere d' ottima idea, me ne ha richiesto un' essemplare. Per la Città se ne parla, come si suole, di ciò, che dicono huomini di grandissima auttorità: ed Amici ne vorrebbero copia, affine di opporla all'altrui maladicenza: ma non ho voluta darla, perche non amo | inalzarla, come bandiera di una inútil guerra con huomini, de' quali piu tosto si dee havere pietà, e, se si vuole giudicar dritto, e anzi loro da farsi |89| ragione. Impercioche io ho scritto a Voi, Huomini di altissimo rango, per riceverne censure, opposizioni, ed emende; conforme in fatti sommamente mi pregio, che il Sig(nor)e Anton Salvini, per confessione di tutta Europa un de' primi Letterati d'Italia, habbia degnato di sue particolari difficoltà l'istesso saggio, che ne diedi, e che sol tanto haveva veduto. Per costoro ho scritto affine di ricredergli da un numero presso che infinito d'errori in tutta la distesa de' Principi della Profana erudizione. Ma son Cittadino, e molto per miei bisogni conversevole: si ricordan di me fin dalla mia prima giovinezza e debolezze, ed errori; i quali come gravemente avvertimo in altrui, così altamente ci rima(n)gon fissi nella memoria, e per la nostra corrotta natura, diventano criterj eterni da giudicare di tutto il belli, e compito, che per avventura altri faccia dopoi.

Epistolário – Cartas escolhidas

A BERNARDO MARIA GIACCO

Reverendíssimo Padre, Senhorio e Patrono Colendíssimo

Que Vossa Paternidade Reverendíssima não atribua a uma falta de consideração minha o fato de eu, só depois de muitos dias, responder à sua estimadíssima carta; mas, porque a reputei tão superior ao meu mérito, estimei que melhor seria reportar-lhe ao menos os elogios com que a teriam adornado antes os mais célebres Homens. Eu, para minha maior honra, a li para muitos dos meus Senhores e amigos, igualmente admiradores do vosso altíssimo valor, dentre os quais o Senhor Don Francesco Ventura, o Senhor Don Muzio di Maio e o Senhor Don Aniello Spagnuolo, que vos mandam mil reverentes saudações, louvaram-lhe sumamente a pertinência do juízo (como se de fato a minha obra fosse tal qual Vós com sua habitual grandiosidade a compreendeu) e admiraram-lhe a maneira sublime de conceber, da qual sai espontaneamente o falar grandioso com a nota rara de uma natureza heroica. Razão pela qual o Senhor Don Marcelo Filomarino, que coleciona cartas com ótimas ideias, pediu-me um exemplar. Pela cidade fala-se dela como em geral se fala disso que dizem homens de enorme autoridade, e Amigos quiseram cópia dela, a fim de opô-la à maledicência alheia; mas não quis dá-la, porque não aprecio levantá-la como bandeira de uma guerra inútil contra homens dos quais se deve ter sobretudo piedade, e que, se julgarmos corretamente, de fato devem estar certos. Por isso, escrevi a Vós, Homens de altíssimo nível, para receber suas censuras, oposições e emendas, conforme de fato me orgulho sumamente de que o Senhor Anton Salvini, um dos principais Literatos da Itália como confessa toda a Europa, tenha considerado digno de particulares dificuldades o mesmo ensaio que lhe dei e que somente ele tinha visto. A esses escrevi a fim de reconhecerem um número quase infinito de erros em toda a extensão dos Princípios da Profana erudição. Mas sou desta Cidade e muito familiarizado com as minhas carências; recordam-se de mim desde quando eu era muito jovem e das minhas debilidades e erros de então, que permanecem mais fortemente fixados na nossa memória, quanto mais severamente os percebemos nos outros, e por causa da nossa corrupta natureza tornam-se critérios eternos para julgar tudo de belo e bem-acabado que porventura venham depois a fazer.

Io non ho ricchezze, né dignità e sì mi mancano due potenti mezzi da conciliarsi la stima della moltitudine. Talche costoro | nulla curano di leggere quest'opera; e così il travaglio, che dovrebbero durare in meditarla, si fa loro innanzi in comparsa di uno schivo disdegno di farle honore; o, se pure la leggono, perche non le precede la stima, non le prestano l'attenzione dovuta e sì non comprendendola tutta insieme, gli si presentano a brani tante novità, tutte difformi dalle loro preconcepite opinioni, che veramente fan lor sembiante di mostri. Onde i dotti cattivi, che amano più l'erudizione, che la verità, perche questa gli distingue, questa gli accomuna con tutti, prendono volontieri occasione col colore di patrocinare l'auttorità de' passati, tanto plausibile, quanto è grandissima quella di tutti i tempi, mi concitano contro degli odj mortali; perche le lodi, di che i veri savj come voi siete, per v(ost)ra bontà me ne date, gli ritengono a cagionarmi disprezzo, et in effetto le prime voci, che in Napoli ho sentito contro di me da coloro, che han voluto troppo in fretta accusarmi dal medesimo saggio, che ne havea dato, erano tinte di una simulata pietà, che nel fondo nasconde una crudel voglia di opprimermi |p con quelle arti, con le quali sempre han soluto gli ostinati delle antiche, o piu tosto loro opinioni rovinose coloro, che hanno fatto nuove discoverte nel Mondo de' Letterati. Però il grande Iddio ha permesso per sua infinita bontà, che la Religione istessa mi servisse di scudo, e che un Padre Giacchi primo lume del piu severo, e piu santo ordine de' Religiosi, |90| desse tal giudizio per bontà sua delle mie debolezze. Vedete, Rev(erendissi)mo P(ad)re, quanto mi honora, quanto mi rinfranca, quanto mi sostiene, e difende la vostra pregiatissima Lettera. Il sommo Iddio ve'l riponga con secondare tutti i v(ost)ri voti, che non possono essere, che di vera felicità, poiche sono voti di savio: e priegandovi, che seguitiate ad amarmi, e proteggermi, come mi amate, e mi proteggete, vi fo hum(ilissi)ma riv(erenz)a.

Nap(oli), 12 ottobre 1720
    Di V(ostra) P(aternità) Rev(erendissi)ma
        Divot(issi)mo et Obligat(issi)mo Ser(vito)re
           Giambattista Vico

Não tenho riquezas nem um alto cargo, e assim me faltam dois potentes meios para conquistar a estima da multidão. Por isso, não dão nenhuma atenção à leitura dessa obra: o trabalho que deveriam dedicar para meditá--la, eles o desperdiçam manifestando um esquivo desprezo por dar-lhe essa honra; e, mesmo quando a lêem, uma vez que não lhe precede a estima, não lhe prestam a devida atenção; e, assim, não a compreendendo toda em seu conjunto, aparecem aos pedaços tantas novidades totalmente discordantes das suas opiniões preconcebidas, que verdadeiramente lhes dão o semblante de monstros. Daí que os doutos maliciosos, que amam mais a erudição do que a verdade, já que aquela os distingue enquanto esta os iguala a todos, aproveitam de bom grado a ocasião para darem pinta de defender a autoridade dos antigos, tão admirável quanto é grandíssima aquela de todos os tempos, e incitam contra mim ódios mortais; pois os elogios dos verdadeiros sábios, como sois vós, que por vossa bondade me dirigis, os impedem de desprezar-me. Com efeito, as primeiras vozes que ouvi contra mim em Nápoles, dos que quiseram muito apressadamente acusar-me por causa daquele ensaio que lhe enviei, eram tingidas de uma piedade simulada, que no fundo esconde uma vontade cruel de oprimir-me com aquelas artes com as quais os obcecados pelos antigos ou suas opiniões quiseram sempre arruinar os que fizeram novas descobertas no Mundo dos Literatos. Mas o grande Deus, pela sua infinita bondade, permitiu que a Religião mesma me servisse de escudo, e que um Padre Giacchi, luz principal da mais severa e mais santa ordem de Religiosos, por bondade sua, fizesse um tal juízo das minhas debilidades. Vede, Reverendíssimo Padre, quanto me honra, quanto me revigora, quanto me sustenta e defende a vossa estimadíssima Carta. Que o sumo Deus vos conceda a satisfação de todos os vossos votos, que não podem ser senão de verdadeira felicidade, pois são votos de um sábio. E, rogando-vos para que continueis a amar-me e proteger-me, como me amais e me protegeis, faço-vos muito humilde reverência.

Nápoles, 12 de outubro de 1720
    De Vossa Paternidade Reverendíssima
        Devotíssimo e Obedientíssimo Servidor
           Giambattista Vico

22. A BERNARDO MARIA GIACCO

Rev(erendissi)mo P(ad)re Sig(nor)e e P(adro)ne Col(endissi)mo

Quinci puo V(ostra) P(aternità) Rev(erendissi)ma facilmente conoscere, quanto sia grande l'auttorità, che nella Republica de' Letterati ella assì meritevolmente acquistato, che non sono mancati di alcuni, a' quali la mia opera dispiace, che sono iti dicendo, il P(ad)re Giacchi mal soffrire, che Io mi fussi onorato col Pubblico del suo Giudizio, che per som(m)o onor mio con la sua prima Lettera ne aveva dato. Ma quanto sono perversi i pensieri degli stolti! Nello stesso tempo, che essi fan sì gran conto di una sola v(ost)ra testimonianza, v'appiccano una di voi indegnissima taccia di simulato, e che non sia ella quel P(ad)re Bernardo M(ari)a ornato a meraviglia di una santa spartana gravità, con la qual tal si porterebbe, se vivesse tutto solo nel Mondo, quale pur si porta pieno di splendore in mezzo alla pubblica Luce di rigidissimi Religiosi, e di gravissimi Letterati. Ma la virtù per lo sentiero, che indispensabilmente un solo le apre la Verità, tien sì dritto in mezzi agli errori dell'Ignoranza, e le traversie del Vizio, che in brieve spazio aggiunge tutti i Lontani, e corre la sterminata lunghezza dell'avvenire; onde è, che i cuori dei sapienti son creduti indovini, e che essi abbian forza, e potere sopra le stelle. V(ostra) P(aternità) Rev(erendissi)ma, come se le fosse gionta all'orecchio questa falsa voce, con quanta grandezza d'animo, con altrettanta gentilezza d'espressione ha publicato al Mondo la sua buona gr(azi)a di ciò, che Io, non per presonzione, o congettura, ma perche conosceva il v(ost)ro petto veracissimo, e la vostra anima generosa, come per espressa ordinazion v(ost)ra aveva già fatto, | adornandomi con tutta la Letteratura della v(ost)ra prima onorevolissima Lettera. Ora scenda ella con l'alta sua mente nel profondo dell'animo mio, e veda, quanto sono umili le gr(azi)e che sopra la prima Io le conservo per la seconda V(ost)ra Risposta. Io per mio som(m)o pregio ne ho dato copie agli altri Sig(nor)i Approvatori dell'opera mia, i q(ua)li l'anno letta con istima, e piaccere egualmente sommi; e sopra tutti il Sig(no)r D(on) Agnello Spagnuolo, che umilissimamente vi saluta, il q(ua)le ben tre volte attentissimamente la rilesse, e finalmente con un bacio, che con singolar rispetto v'impresse, proruppe in q(ue)ste parole:

Epistolário – Cartas escolhidas

A BERNARDO MARIA GIACCO

Reverendíssimo Senhor Padre e Patrono Colendíssimo

Vossa Paternidade Reverendíssima pode facilmente conhecer aqui quão grande é a autoridade alcançada merecidamente pelo senhor na República dos Literatos, onde não faltaram aqueles a quem a minha obra desagrada, que saíram por aí dizendo que o Padre Giacchi se sentiria mal, caso Eu fosse honrado em Público com o Juízo que, para minha suma honra, tinha feito sobre mim na sua primeira Carta. Mas quão perversos são os pensamentos dos tolos! Ao mesmo tempo que eles dão enorme valor a um único testemunho vosso, vos atribuem a má fama de simulado, muito indigna de vós, de que o senhor não é aquele Padre Bernardo Maria maravilhosamente ornado de uma santa gravidade espartana, com a qual se portaria mesmo vivendo completamente sozinho no Mundo, tal como de fato se porta, pleno de esplendor, em meio à pública Luz dos mais rígidos Religiosos e dos mais sérios Literatos. Mas a virtude, trilhando o caminho que inevitavelmente só a Verdade lhe abre, mantém-se firme em meio aos erros da Ignorância e às adversidades do Vício, e num curto espaço alcança todas as Distâncias e percorre a interminável duração do porvir; por isso, acredita-se que os corações dos sábios são videntes e têm força e poder sobre as estrelas. Vossa Paternidade Reverendíssima, como se lhe tivesse chegado ao ouvido esse boato, com quanta grandeza de ânimo e igualmente grande gentileza na expressão fez o Mundo conhecer, adornando-me com toda a Literatura de vossa primeira muito honrosa Carta, suas boas graças em relação a isso que Eu havia feito como que por vossa expressa ordenação, não por presunção ou conjetura minha, mas porque conhecia o vosso peito muito verdadeiro e a vossa alma generosa. Desça, agora, o senhor com sua mente elevada nas profundezas do meu ânimo e veja quão humilde é a minha gratidão não só pela primeira como pela segunda Resposta Vossa. Eu, para minha suma honra, dei cópias dela aos outros Senhores Aprovadores da minha obra, que a leram com estima e prazer igualmente supremos, principalmente o Senhor Don Agnello Spagnuolo, que humildemente o saúda e que a releu três vezes bem atentamente, e por fim, imprimindo-lhe um beijo singularmente respeitoso, irrompe com estas palavras:

Lettera degna d'esser trascelta tra i piu colti Scrittori |99p| del Cinquecento, la q(ua)le non che'l vestito, e'l corpo, ha tutta l'anima del favellar grande Toscano. Io in vero, se fosse ad altrui toccata la sorte di tanto onore, che V(ostra) P(aternità) Rev(erendissi)ma ha fatto a me, direi, che la v(ost)ra lettera puo servire di regola, e di norma a chiunque vuole imparare tutte ad un tempo due difficilissime cose, cioè uscire da vecchi errori, e apprendere verità non più udite; che gli faccia mestieri o d'una prudente oppenione di credito inverso di chi l'insegna, come la si acquistarono tutti gli altri Filosofi, che insegnando pubblicamente, tratto tratto andarono salendo in grido di valenti Maestri, e si stabilirono le loro nuove dottrine; o di vestire uno temporario scetticismo, col q(ua)le vadano a leggere, o per meglio dire a meditare attentamente Libri di nuove scoverte, con animo risoluto e fermo di niegar tutto, che non gli costringa la forza d'una invitta evidenza a riceverlo; | come troppo accortamente volle, che seco si usasse da' Leggitori della sua Metafisica Renato delle Carte, il q(ua)le per questa unica altra strada previdde, poter fondare una Filosofia tutta nuova da' suoi riposti ritiri, senza pubblicamente professarla nell'Academie, e quindi è incomparabile la delicatezza dell'apparecchio, col q(ua)le presentare magnificamente la lode a Sig(nor)i Letterati, che ha(n) degnato per loro bontà lodare l'opera mia e dall'alta comprensione delle loro menti, e dalla libera signoria sopra le passioni villane: tal meravigliosa destrezza vi fu dettata, cred'Io, dalla v(ost)ra eroica modestia, essendo ella uno di loro. Ma intorno a ciò, che ella dice, dover'Io quinci contentarmi dell'approvazion di que' pochi, a' q(ua)li stea bene tal v(ost)ra Loda, i q(ua)li sono pochissimi, egli non me'l detta la moderazion dell'animo, ma una certa superba necessità, nella q(ua)le Io volontariamente entrai, quando nella mia vita letteraria mi proposi una volta unicamente piacere ad uomini in grado eccellente dotti, e per valor singolari, tra' quali ella come un primo Personaggio mi è sempre stata fissa dinanzi gli occhi della mente in tutta la maestà, la q(ua)le spiega in porgendo le sue divinissime dicerie lo concependo a voi la rara grandezza di animo, con la q(ua)le della v(ost)ra coscienza di aver ben'oprato fare im(m)ortal Teatro della v(ost)ra virtù,

Carta digna de ser selecionada entre os mais cultos Escritores do Século XVI e que, além das vestes e do corpo, tem toda a alma do grande linguajar Toscano. Se fosse dado a outros a sorte da enorme honra que me deu Vossa Paternidade Reverendíssima, na verdade eu diria que vossa carta pode servir de regra e de norma a qualquer um que queira aprender ao mesmo tempo duas coisas dificílimas, a saber: abandonar os velhos erros e aprender verdades nunca ouvidas; para o que deve precisar ou de uma prudente opinião de confiança em relação a quem ensina, como a conquistaram todos os outros Filósofos que, ensinando publicamente, pouco a pouco se elevaram e foram aclamados como valentes Mestres e que estabeleceram, assim, as suas novas doutrinas; ou precisará investir-se de um ceticismo temporário, com o qual devem ler, ou melhor, meditar atentamente sobre os Livros de novas descobertas, com ânimo resoluto e firme para recusar tudo aquilo que a força de uma irresistível evidência não lhe constranja a aceitar, como muito sabiamente René Descartes quis que fizessem os Leitores da sua Metafísica, o qual previu por essa única outra via poder fundar uma Filosofia toda nova desde seus reservados retiros, sem professá-la publicamente nas Academias; e então é incomparável a delicadeza do arranjo com o qual apresentais magnificamente o elogio a Senhores Literatos que se dignaram de boa vontade a louvar a minha obra, tanto pela alta compreensão de suas mentes, quanto pelo livre domínio sobre as paixões vis: tal maravilhosa destreza foi-vos ditada, creio eu, pela vossa heroica modéstia, sendo o senhor um deles. Mas sobre aquilo que o Senhor disse, que Eu devia desde já contentar-me com a aprovação daqueles poucos que não se indispuseram com esse vosso Elogio, que são pouquíssimos, isso não me dita a moderação do ânimo, mas uma certa soberba necessidade que Eu assumi voluntariamente quando na minha vida literária uma vez me propus agradar unicamente a homens doutos em excelente grau e singulares pelo seu valor, dentre os quais o senhor, Personalidade principal para mim, sempre fixo diante dos olhos da mente com a majestade de quem explica as coisas proferindo seus diviníssimos discursos, que vos proporciona a rara grandeza de ânimo com a qual, consciente de ter agido bem, fazeis da vossa virtude um imortal Teatro;

Io che per la bassezza del mio spirito mi vo cercando di fuori, rendo infinite gr(az)ie al som(m)o Dio, dator d'ogni bene, | perche |100| Io non restassi abbattuto, e vinto da quest'ultimo colpo di rea Fortuna, che avessi dispiaciuto a coloro, a quali sonmi sempre studiato unicamente piacere: onde ora i rabbiosi morsi, co' quali mi lacera la maliziosa Ignoranza, consolo, gustando il soavissimo frutto d'aver piaciuto a voi soli; com'egli è una coppia di Lettere, perche fin ora non ho mandato fuora ad altri i miei Libri, una del Sig(no)r Biagio Garofalo, l'altra del P(ad)re Tom(m)aso Minorelli, nomi che ella ben sa, assai distinti in Italia per la loro grande Letteratura, le quali ora le invio, perche ella goda sentirsi alla sua censura far'eco uomini di tal rango: e con ogni ossequio baciandole la riveritissima mano, mi confermo, quale mi glorio essere

Nap(oli), 27 ottobre 1721
    Di V(ostra) P(aternità) Rev(erendissi)ma
        Divot(issi)mo et Obligat(issi)mo Ser(vito)re Um(ilissi)mo
        Giambattista Vico

eu, que pela baixeza do meu espírito vou procurando fora, peço infinitas graças ao supremo Deus, doador de todo bem, para que Eu não acabe abatido e derrotado por este último golpe da cruel Fortuna: desagradar aqueles que sempre busquei unicamente agradar. Por esta razão, consolo-me agora dos raivosos ataques com os quais me lacera a maliciosa Ignorância, saboreando o aprazível fruto de ter agradado somente a vós; como é o caso também de um par de Cartas (pois até agora não dei os meus Livros a outras pessoas), uma do Senhor Biagio Garofalo, a outra do Padre Tommaso Minorelli, nomes que o senhor bem sabe se destacam na Itália pela sua grandiosa Literatura, as quais agora lhe envio para que o senhor tenha o prazer de ouvir homens de tal estatura fazendo eco à sua censura. E beijando-lhe com todo obséquio a reverendíssima mão, confirmo-me qual tenho a glória de ser

Nápoles, 27 de outubro de 1721
    De Vossa Paternidade Reverendíssima
        Devotíssimo e Obedientíssimo Servidor Humilíssimo
           Giambattista Vico

23. A JEAN LECLERC

Ill(ustrissi)mo Sig(no)re Sig(no)re e P(adro)ne Col(endissi)mo

    Il più forte, anzi l'unico stimolo, che mi ha portato a meditare questi Libri, è stata la Fama di V(ostra) S(ignoria) Ill(ustrissi)ma sparsa per tutta Europa, che la celebra Prencipe de' Letterati di nostra età, e in conseguenza mi ha acceso di farmi alcun merito, quantunque picciolo di venire alla vostra cognizione, e godere della vostra riputatissima Padronanza: e poiche egli va così, che proponendosi un grande essemplo, possa alcun fare qualche cosa mediocre; se questa mia debolissima fatica contiene alcuna cosa, che meriti qualche lode, ella essendo da V(ostra) S(ignoria) Ill(ustrissi)ma provenuta, ragion vuole, che a Lei stessa ritorni. Il Rev(erendissi)mo P(ad)re Tomaso Alfani, nostro chiarissimo Letterato, che gode la vostra corrispondenza, mi ha dato una nobile | di dedicare la mia servitù all'Ecc(ellentissi)mo Sig(no)r Conte Wildenstein e di priegarlo che di Lovanio, ove si porta agli studj, generosamente mi favorisse usar bontà, fargli ricapitare in vostro potere, e così il pregio, che l'opera |101| non ha in se stessa, il riceva dalla chiarezza del Personaggio, dal quale verrà nelle vostre pregiatissime mani. Ora quanto io devo temere del vostro da per tutta Europa riverito giudizio, tanto confido nella vostra somma umanità a compatirne gli errori, nati dalla mia debolezza dell'ingegno, scarsezza di erudizione, e finalmente dall'avversa Fortuna, che non mai mi ha conceduto un poco di agio necessario | per la meditazione. Priegola dunque umilmente, che voglia gradire nel picciolo e rozzo dono l'animo di uno, che facendole profonda riverenza, con tutto ossequio si dichiara, e rassegna

Napoli, 9 Gennajo 1722
    Di V(ostra) S(ignoria) Ill(ustrissi)ma
        Divot(issi)mo et Obligat(issi)mo Ser(vito)re Umiliss(i)mo
        Giambattista Vico

A JEAN LECLERC

Ilustríssimo Senhor, Senhorio e Patrono Colendíssimo

O mais forte estímulo, talvez o único, que me levou a meditar estes Livros foi a Fama de Vossa Senhoria Ilustríssima difundida por toda a Europa, que a celebra como Príncipe dos Literatos da nossa época; por consequência disso, instigou-me a fazer algo que merecesse, mesmo que só um pouco, chegar ao vosso conhecimento e desfrutar da vossa respeitadíssima Competência. E já que pode acontecer de se fazer alguma coisa medíocre quando se mira um grande exemplo, caso esse meu insignificante trabalho contenha algo que mereça algum elogio, tendo ele se originado de Vossa Senhoria Ilustríssima, quer a razão que ao Senhor mesmo retorne. O Reverendíssimo Padre Tomaso Alfani, nosso ilustríssimo Literato, que desfruta da vossa correspondência, deu-me a nobre ocasião de dedicar a minha servidão ao Excelentíssimo Senhor Conde de Wildenstein e de rogar-lhe para que em Louvain, onde se dedica aos estudos, generosamente me favorecesse com a bondade de fazê-los chegar ao vosso poder; e assim o mérito, que a obra não tem em si mesma, receba-o da ilustre Personalidade pela qual chegará às vossas estimadíssimas mãos. Ora, devo eu temer o vosso juízo consagrado por toda a Europa, tanto quanto confio na vossa suprema humanidade capaz de perdoar os erros nascidos da minha debilidade de engenho, escassez de erudição e finalmente da adversa Fortuna, que nunca me proporcionou um pouco do conforto necessário à meditação. Humildemente rogo-lhe, então, que queira com este pequeno e rude presente acolher a alma de alguém que, fazendo-lhe profunda reverência, com todo respeito se declara e se resigna

Nápoles, 9 de janeiro de 1722
    De Vossa Senhoria Ilustríssima
        Devotíssimo e Obedientíssimo Servidor Humilíssimo
        Giambattista Vico

26. A EUGENIO DI SAVOIA

Altezza Serenissima

Quella stessa somma mia Fortuna, che mi preparò l'alta Protezione, sotto la quale l'Altezza Vostra Serenissima ha degnato per vostra regal grandezza d'animo una volta ricevermi; quell'istessa ora mi porge l'occasione d'implorarla a mio sollievo, povero uomo di lettere, grave d'anni, e di famiglia, perche io raccolga il frutto de' deboli studj di tutta mia vita, che posso unicamente sperare in questa Città. Oggi appunto per morte del Possessore è vacata la Cattedra Primaria matutina di Leggi in questa Università, la quale rende seicento ducati annui: ella è esposta a concorso, per lo quale ogni straniero, e sconosciuto la può pretendere; perciò, sottomettendomi alla medesima Legge del Concorso, mi sono indotto a pretenderla anche io, che ho con questo Pubblico il merito di averlo | servito ventitre anni continovi in grado di Lettor di Rettorica, col tenue salario di cento scudi annui, e altri pochi, ed incerti di un dritto che mi si paga. Non ho in vero il merito di averlo servito in Cattedre minori di Giurisprudenza: ma (mi perdoni V[ost]ra Altezza Ser[enissi]ma che io pure il dica, perche mi costringe a dirlo, non gia una vana cupidigia di lode, ma una dura necessità del bisognevole,) intorno alla Giurisprudenza io credo averne fatto un gran merito con questa Università, non gia per gli giudizj de' più dotti Letterati di Europa il Sig(no)r Ab(a)te Garofalo dell'Italia, il Sig(no)r Giovan Clerico d'Oltremonti; ma unicamente perciò, che quell'opera, nella quale si scuovrono le vere origini fin'or nascoste del Dritto, e della Giurisprudenza Romana, abbia avuto il segnalatissimo onore | del v(ost)ro regal gradimento, e in conseguenza di essa godo ora la gran fortuna dalla vostra potente protezione. Onde io mi fo ardito a umilissimamente supplicare V(ost)ra Ser(enissi)ma Altezza a promuovere questa mia pretensione con questo Em(inentissi)mo Sig(no)r Cardinale Viceré, il quale di tutti i Lettori ha particolarmente di me argomenti di particolare atto di osservanza, che voglia adoperarsi con questi Sig(no)ri Regenti del Collaterale Consiglio, e Capi di Tribunali, a favorirmi de' loro voti.

Epistolário – Cartas escolhidas

A EUGENIO DI SAVOIA

Alteza Sereníssima

Aquela mesma suma Fortuna minha, que me preparou a alta Proteção sob a qual Vossa Alteza Sereníssima se dignou por vossa majestosa grandeza de ânimo a uma vez receber-me, essa mesma agora dá-me a ocasião de implorar-lhe para meu alívio, pobre homem de letras, fatigado pela idade e pela família, a fim de que eu colha o fruto dos débeis estudos de toda a minha vida, que posso unicamente esperar nesta cidade. Hoje, precisamente, pela morte do Titular, está vaga a Cátedra Primária matutina de Leis desta Universidade, que rende seiscentos ducados por ano: ela está aberta para concurso, de modo que qualquer estrangeiro ou desconhecido pode pretendê-la; por isso, submetendo-me à mesma Lei do Concurso, fui levado a pretendê-la também eu, que tenho com esse Público o mérito de tê-lo servido durante vinte e três anos contínuos no posto de Professor de Retórica, com o tímido salário de cem escudos por ano e outros poucos e incertos que por direito a mim se paga. Não tenho realmente o mérito de tê-lo servido nas Cátedras menores de Jurisprudência, mas (perdoe-me, Vossa Alteza Sereníssima, que eu assim o diga, porque me obriga a dizê-lo não uma vã cobiça por elogios, mas uma dura necessidade do necessitado), em torno da Jurisprudência acredito ter logrado um grande mérito para esta Universidade, não por causa dos juízos dos mais doutos Literatos da Europa, o Senhor Abade Garofalo da Itália, o Senhor Jean Le Clerc de Além Alpes, mas unicamente porque aquela obra, na qual se descobrem as verdadeiras origens, até então ocultas, do Direito e da Jurisprudência Romana, teve a ilustríssima honra de vosso real deleite; como consequência disso, agora gozo da boa fortuna de vossa potente proteção. Por isso, tenho a ousadia de humildemente suplicar a Vossa Sereníssima Alteza que promova essa minha pretensão com este Eminentíssimo Senhor Cardeal Vice-Rei, o qual tem particularmente sobre mim, entre todos os Docentes, argumentos de particular ato de observância que podem ser usados com esses Senhores Regentes do Conselho Colateral e Chefes de Tribunais, para que me favoreçam com seus votos.

E per tanto beneficio, oltre la com(m)une obligazione, che anno tutti i Christiani di pregare il sommo Iddio per v(ost)ra conservazione, s'aggiugnerà questa particolare mia e di tutta la mia povera Famiglia, che mercè v(ost)ra in questi miei cadenti |104p| anni io abbia il modo di onestamente sostentarla; et a misura del più servoroso delle preghiere | l'ho porte, col più rispettoso de' miei sentimenti mi rassegno

Nap(oli), 12 Xbre 1722
    Di Vostra Altezza Ser(enissi)ma
        Divot(issi)mo et Obligat(issi)mo Ser(vito)re Umilis(si)mo
        Giambattista Vico

E, para tanto benefício, além da obrigação comum que todos os Cristãos têm de rogar ao sumo Deus pela vossa conservação, será acrescentada esta outra particular minha e de toda minha pobre Família, para que, por vossa misericórdia, nesses meus declinantes anos da velhice, tenha um modo de honestamente sustentá-la. E, na medida das mais fervorosas preces que lhe ofereço, com o mais respeitoso dos meus sentimentos eu me resigno

Nápoles, 12 de dezembro de 1722
    De Vossa Alteza Sereníssima
        Devotíssimo e Obedientíssimo Servidor Humilíssimo
            Giambattista Vico

28. A BERNARDO MARIA GIACCO

Riv(eritissi)mo P(ad)re Sig(no)r mio, e P(adro)ne Col(endissi)mo

Prendo in vero un grand'ardimento d'inviare a V(ost)ra Paternità Riv(eritissi)ma questa mia Orazione tessuta in italiana favella: ma che aveva io a fare, se me ne faceva forza una certa giustizia? poichè se questa contiene alcuna particella di buono, tutta è dovuta a Voi, che siete la norma somma e sovrana dell'eloquenza de' nostri tempi; la quale io unicamente mi ò proposta in meditar questa diceria e come se l'avessi a porgere alla v(ost)ra presenza: onde se trall'ombre de' suoi difetti risalta alcun buon lume, egli vien da Voi come di riflesso, e torna a Voi medesimo di riverbero. Ella non voleva affatto venirvi innanzi; ma finalmente ve l'ò indotta, persuadendogliele sì dalla necessità fattami dal comando, che io n'ebbi di vestirla in questo idioma, e che voi tral brieve spazio, che la degnarete leggere, scendereste da quella rara sublimità delle vostre maravigliose divine idee, e la guardareste col solo aspetto dell'umano v(ost)ro gentilissimo animo, col quale l'aveste da scusare, e da compatire. Arei forse | fatto meglio non inviarlavi; ma ò temuto, che 'l sommo amor vostro verso di me non lo avesse attribuito piu tosto ad atto di poca attenzione, che di modestia. Però siami io pure sfacciato, giugnendo questa da Voi, vi dirà, esser lei un segno manifesto, che io non ambisco altro al Mondo, che di piacer a Voi: a cui facendo umilissima |107| riverenza, mi rassegno qu<al per mio sommo pregio appo tutti mi professo

Di Vostra Paternità Riv(eritissi)ma a cui rispettosamente sogg<iungo di avermi presa con lei sola la licenza di aggiugn<ere all'Orazione un tratto, che per certi riguardi ò temuto d'esporlo al pubblico.

Napoli, 3 giugno 1724
    Divot(issi)mo et Obligat(issi)mo Ser(vito)re
        Giambattista Vico

A BERNARDO MARIA GIACCO

Meu Reverendíssimo Senhor Padre e Patrono Colendíssimo

Sei bem que é uma grande ousadia enviar a Vossa Paternidade Reverendíssima esta minha Oração tecida em linguagem italiana, mas o que eu podia fazer, se me forçava a isso uma certa justiça? Porque, se esta contém alguma parcela boa, é toda devida a Vós, que sois a suma e suprema norma da eloquência dos nossos tempos, pela qual unicamente me propus a meditar esta dissertação, como se fosse apresentá-la em vossa presença: assim, se entre as sombras dos seus defeitos alguma boa luz ressalta, ela vem de Vós como reflexo e a Vós mesmo retorna como revérbero. Ela não queria por nada vir perante a vós, mas finalmente a convenci, persuadindo-a da necessidade de vesti-la com este idioma, como me foi pedido, e de que vós, no breve tempo em que vos dignardes a lê-la, descereis daquela rara sublimidade das vossas maravilhosas e divinas ideias e a olharíeis unicamente pelo ponto de vista do vosso gentilíssimo ânimo humano, com o qual teríeis que desculpá-la e se compadecer. Teria feito melhor talvez não vos enviá-la, mas temi que o vosso sumo amor por mim enxergasse nisso mais um ato de pouca atenção que de modéstia. Apesar do atrevimento, chegando esta a Vós, ela vos dirá ser um signo manifesto de que eu não ambiciono outra coisa no Mundo senão agradar a Vós, a quem com humilíssima reverência me resigno e, para a minha suma honra entre todos, me declaro

De Vossa Paternidade Reverendíssima, a quem respeitosamente acrescento ter tomado a liberdade de adicionar à Oração um trecho que, por certos aspectos, temi expor ao público.

Nápoles, 3 de junho de 1724
    Devotíssimo e Obedientíssimo Servidor
        Giambattista Vico

31. A FILIPPO MONTI

Ill(ustrissi)mo Sig(no)r mio, Sig(no)re e P(adro)ne Col(endissi)mo

Il mio pregiatissimo Sig(no)r Ab(a)te Garofalo mi ha mostrato un l(ette)ra di V(ostra) S(ignoria) Ill(ustrissi)ma a essolui di risposta, piena di sommo onore, e singolar cortesia v(ost)ra verso di |109| me, e della consaputa opera da me lavorata, che Ella gentilmente si profferisce promuovere alla protezione dell'Em(inentissi)mo Sig(no)r Cardinal Corsini: da' quali v(ost)ri distinti favori sopra ogni mio merito io ora prendo ardire di dedicare a V(ostra) S(ignoria) Ill(ustrissi)ma la mia servitù; e di professargliela, quanto più sò, e posso, obbligata; e d'inviarle in una cassetta per lo procaccio le mie piu seriose deboli fatighe gia edite: primieramente perche sieno onorate di aver luogo nel v(ost)ro dotto Museo; dipoi in picciol segno dell'animo mio obbligato; e in fine, perche, se'l Sig(no)r Cardinale per fortuna la richiedesse di vedere altre mie opere, ella ne abbia copia di dimostrargliele. Di più è nella cassetta frapposta tra due libri La lettera dedicatoria a S(ua) Em(inen)za : ella e aperta, Opera che V(ostra) S(ignoria) Ill(ustrissi)ma, prima di farmi l'onore | di presentargliela, la legga, se la stimi degna: altrimente la priego à comunicarmi il suo oracolo, che mi sia regola nel migliorarla. Se finalmente a S(ua) E(minenza) venisse in talento di sapere l'idea dell'opera, accioche V(ostra) S(ignoria) Ill(ustrissi)ma possa dargliene un saggio, ella tratta de' principj del dritto naturale, che si è andato dalle sue prime origini spiegando tratto tratto co i costumi delle nazioni: e serba quest'ordine: si confutano innanzi i tre sistemi, prima del Grozio, il quale come sociniano pone la natural'innocenza in una semplicità di natura umana; dipoi quello del Seldeno, perche di fatto non ebbe mai uso alcuno appo le altre nazioni; finalmente quello del Pufendorfio, che pone un'ipotesi scandalosa dell'uom gittato nel mondo senza cura, o ajuto di altrui:e si riprendono tutti e tre per due ragioni comuni; una perche niuno vi stabilisce per suo propio e primo principio la Provvidenza; l'altra perché le | auttorità, con le quali ciascuno conferma il suo, almeno circa i tempi oscuro, favoloso, e istorico vicino alle favole, non han certezza di significazione.

A FILIPPO MONTI

Ilustríssimo Senhor meu, Senhorio e Patrono Venerandíssimo

O meu estimadíssimo Senhor Abade Garofalo mostrou-me uma carta de Vossa Senhoria Ilustríssima enviada a ele como resposta, plena de suma honra e de singular cortesia para comigo e com a sabida obra por mim elaborada, cuja proteção o Senhor gentilmente declara promover com o eminentíssimo Senhor Cardeal Corsini. Em nome dos vossos distintos favores, bem acima do meu merecimento, atrevo-me agora a dedicar a Vossa Senhoria Ilustríssima a minha servidão e a declarar-lhe obediência em tudo quanto sei e posso, além de enviar-lhe em uma caixeta através do mensageiro as minhas mais sérias débeis labutas já editadas: primeiramente, para que tenham a honra de encontrar lugar no vosso douto Museu; depois, como um pequeno sinal do meu ânimo agradecido; e, enfim, para que, se por sorte o Senhor Cardeal lhe pedir para ver outras obras minhas, o senhor tenha uma cópia para mostrar-lhe. Ademais, está na caixeta, entre dois livros, A carta dedicatória à Sua Eminência: ela está aberta para que Vossa Senhoria Ilustríssima, antes de dar-me a honra de apresentá-la, leia-a, se julgá-la Obra digna; em todo caso, rogo que me comunique o seu oráculo, que me servirá de regra para melhorá-la. Se finalmente Sua Eminência tiver vontade de saber a ideia da obra, para que Vossa Senhoria Ilustríssima possa dar-lhe uma prova, ela trata dos princípios do direito natural, que foi desde as suas primeiras origens desdobrando-se pouco a pouco com os costumes das nações, conservando essa ordem. Antes de tudo, são refutados os três sistemas: primeiro, o de Grócio, que, enquanto sociniano, põe a inocência natural na simplicidade da natureza humana; depois, aquele de Selden, porque de fato nunca teve nenhum uso entre as outras nações; e finalmente, aquele de Pufendorf, que propõe a hipótese escandalosa do homem lançado no mundo sem o cuidado ou a ajuda de outrem; e todos os três são repreendidos por duas razões comuns: uma, porque nenhum deles estabelece como seu próprio e primeiro princípio a Providência; a outra, porque a autoridade com a qual cada um confirma o seu, ao menos no que se refere aos tempos obscuros, fabulosos e históricos vizinhos às fábulas, tem significação incerta.

Quindi i Principj di tal dritto si vanno a ritruovare dentro quelli della Sacra Storia, che anche per umana credenza è la più antica di tutte, che a noi son giunte, anche la favolosa de' greci: e quivi umanamente si stabiliscono con la dottrina Platonica, che serve alla Provvidenza; e si difendono contro il Fato degli Stoici, il Caso degli Epicurei; e si confermano contro Obbes, Spinosa, Bayle, ed ultimamente Lock, i quali tutti con quelle stesse loro dottrine, con le quali oppugnano |110| le massime civili cattoliche, si dimostrano andar'essi a distruggere, quanto è per loro, tutta l'umana società. Finalmente per le tre epoche | poste dagli Egizj di tutti i tempi scorsi loro dinanzi, che sono le tre età degli dei, degli eroi, degli uomini, si fatti principj si scovruono di fatto dentro le favole de' greci; e si spiegano con necessità filologica nel Carattere, osia Istoria Favolosa del loro Ercole Tebano; et osservando e i greci e gli egizj in ogni antica Nazione un Ercole fondatore, come Varrone ne giunse a numerar ben quaranta, si ravvisano taj Principj uniformi in tutte le nazioni antiche; e sono gli stessi sopra li quali i Romani si governarono nelle cose sì della pace, come della guerra, e priegando V(ostra) S(ignoria) Ill(ustrissi)ma umilmente ad iscusarmi, se l'ho travagliata di molto, et a seguitare a favorirmi, come sì generosamente ha ella incominciato, con forte ossequiossis(si)ma riv(erenz)a mi dichiaro

Nap(oli), 18 9bre 1724
    Di V(ostra) S(ignoria) I(llustrissima)
       Divot(issi)mo et Oblig(atissi)mo Ser(vito)re
          Giambattista Vico

Portanto, os Princípios de tal direito devem ser encontrados dentre os da História Sagrada, tida também pela crença humana como a mais antiga de todas que nos chegaram, até mais do que a fabulosa dos gregos, sendo humanamente estabelecidos com a doutrina Platônica, que serve à Providência, de modo que tanto se defendem do Fado dos Estoicos e do Acaso dos Epicuristas, quanto se contrapõem a Hobbes, Espinosa, Bayle e ultimamente Locke: todos esses com as suas doutrinas que combatem as máximas civis católicas dão mostras de que, a depender deles, vão destruir toda a sociedade humana. Finalmente, com base nas três épocas fixadas pelos egípcios de todos os tempos transcorridos antes deles, que são as três idades dos deuses, dos heróis e dos homens, tais princípios descobrem-se de fato dentro das fábulas dos gregos e explicam-se com necessidade filológica no Caráter, isto é, na História Fabulosa do seu Hércules Tebano; e observando os gregos e os egípcios em toda Nação antiga um Hércules fundador, como Varrão chegou a enumerar bem uns quarenta, reconhecem-se tais Princípios uniformes em todas as nações antigas, sendo os mesmos com os quais os Romanos governaram os seus assuntos tanto de paz quanto de guerra; e rogando humildemente à Vossa Senhoria Ilustríssima que me desculpe, se eu lhe atormentei muito, e que continue a favorecer-me como tão generosamente o senhor começou a fazer, com forte e obsequiosíssima reverência me declaro.

Nápoles, 18 de novembro de 1724
    De Vossa Senhoria Ilustríssima,
        Devotíssimo e Obedientíssimo Servidor
        Giambattista Vico

36. A BERNARDO MARIA GIACCO

Al Riv(eritissi)mo P(ad)re Bernardo M(ari)a Giacchi Capuccino

Riv(eritissi)mo P(ad)re Sig(no)re Sig(no)re e P(adro)ne Col(endissi)mo

Accompagnata dal sommo Amore, che le porto, e da tutta la Riverenza, che ella merita, invio a V(ostra) P(aternità) Riv(eritissi)ma la consaputa opera de' Principj dell'Umanità. In cotesto eremo ella goderà tanta pubblica Luce, quanta mai ne potrebbe nella piu celebre delle Università dell'Europa, alle quali è indirizzata. In questa Città sì io fo conto di averla mandata al Diserto; e sfuggo tutti i luoghi celebri, per non abbattermi in coloro, a' quali l'ho io mandata: che se per necessità egli adivenga, di sfuggita li saluto: nel quale atto non dandomi essi nè pure un riscontro di averla ricevuta, mi confermano l'oppenione di averla io mandata al Diserto. Io poi devo tutte le altre mie deboli opere d'Ingegno a me medesimo; perchè le ho lavorate per mie utilità propostemi affine di meritare alcun luogo decoroso nella mia Città: ma poiché questa Università me ne ha riputato immeritevole, io certamente debbo questa sola Opera tutta a questa Università; la quale non avendomi voluto occupato a legger paragrafi, mi |114| ha dato l'agio di meditarla. Posso io avergliene piu grado di questo! Che mi spiace non potergliele professare, che in cotesta v(ost)ra solitudine; dove gridando dico: che vorrei non aver lavorate tutte le altre mie deboli opere d'Ingegno, e che rimanesse di me questa sola: perche le altre | erano state da me lavorate, per avere io alcuna Cattedra prima in questa Università; et ella, giudicandomene indegno, mi ha in un tacito modo comandato, che io travagliassi questa sola, alla quale dovevano menarmi tutte le altre opere innanzi della mia vita. Sia pur sempre lodata la Provedenza! che quando agli infermi occhi mortali sembra ella tutta rigor di giustizia, all'ora piu che mai è impiegata in una somma benignità. Perchè da quest'Opera io mi sento avere vestito un nuovo huomo: e pruovo rintuzzati quegli stimoli di piu lamentarmi della mia avversa Fortuna, e di piu inveire contro alla corrotta moda delle Lettere, che mi ha fatto tale avversa Fortuna: perche questa moda, q(ues)ta Fortuna mi hanno avvalorato, ed assistito a Lavorare quest'Opera. Anzi (non sarà per avventura egli vero; ma mi piace stimarlo vero)

Epistolário – Cartas escolhidas

A BERNARDO MARIA GIACCO

Ao Reverendíssimo Padre Capuchinho Bernardo Maria Giacchi

Reverendíssimo Padre Senhor, Senhorio e Patrono Colendíssimo

Acompanhada do sumo Amor que lhe tenho e de toda a Reverência que o senhor merece, envio a Vossa Paternidade Reverendíssima a bem conhecida obra sobre os Princípios da Humanidade. Nesse ermo, ela gozará de tanta pública Luz quanto jamais teria na mais célebre das Universidades da Europa, às quais é endereçada. Nesta Cidade, dou-me conta de tê-la mandado ao Deserto; e evito todos os lugares mais frequentados para não esbarrar naqueles a quem eu a enviei, os quais só às pressas cumprimento, se for preciso fazê-lo, ocasião em que, não dando nem sequer um retorno por tê-la recebido, confirmam a minha opinião de tê-la eu mandado ao Deserto. E, depois, eu devo todas as minhas outras débeis obras de Engenho a mim mesmo, porque as trabalhei com os meios ao meu alcance, a fim de merecer algum lugar decoroso na minha Cidade; mas porque esta Universidade me reputou indigno de merecê-lo, eu certamente devo toda essa única Obra a esta Universidade, a qual, não me querendo ocupado com a leitura de parágrafos, deixou-me à vontade para meditá-la. Posso eu ser mais grato do que isso? Lamento só poder-lhe dizer aos gritos nessa vossa solidão que preferiria não ter elaborado todas as minhas outras débeis obras de Engenho e que permanecesse só essa, porque as outras tinham sido por mim elaboradas para ter eu alguma Cátedra primária nesta Universidade; e ela, julgando-me indigno disso, de um modo tácito ordenou-me que eu trabalhasse somente essa, à qual deviam conduzir-me todas as outras obras anteriores da minha vida. Seja então sempre louvada a Providência! Que, quando aos enfermos olhos mortais parece ela rigorosa demais na justiça, então, mais do que nunca, é empregada em uma suma benignidade. Porque com esta Obra eu me sinto investido de um novo homem, e sinto atenuados aqueles estímulos que me levaram a muito lamentar minha adversa Fortuna e a muito vociferar contra a corrompida moda das Letras, que me causou tal adversa Fortuna: porque essa moda e essa Fortuna me encorajaram e me auxiliaram a Elaborar essa Obra. Antes (pode não ser por acaso verdadeiro, mas me agrada estimá-lo verdadeiro),

quest'opera mi ha informato di uno certo spirito eroico; per lo quale non piu mi perturba alcuno timore di morte; e sperimento l'animo non piu curante di parlare degli emoli. Finalmente mi ha fermato, come sopra un'alta adamantina Rocca il giudizio di Dio: il quale fa giustizia alle opere d'Ingegno con la stima de' Saggi: i quali sempre, e da per tutto furono pochissimi; | non già huomini recitatori de' Libri altrui; non quei, che marciscono le notti nella Venere, e'l vino; o sono agitati da infeste meditazioni, come, con insidiare alla Verità, ed alla Virtù, debbono covrire le sciempiezze, e le ribalderie commesse nel dì passato, per seguitare di parere e dotti, e buoni nel giorno appresso: non finalmente infingardi, che, stando tutti sicuri all'ombra della loro negghienza, anzi scorrendo sconosciuti nella densa notte de' loro nomi, van latrocinando l'onor dovuto al merito degli huomini valorosi, ed ardiscono in ogni modo di scannare l'altrui credito; benche sia le tenebre della loro nera passione dell'Invidia avventino, e profondino nelle loro propie viscere gli avvelenatissimi colpi: ma sapienti sono, huomini di altissimo intendimento, di erudizione tutta propia, generosi, e magnanimi, che non altro studiano, che conferire opere immortali nel comune delle Lettere: tra' quali o 'l primo o tra' primi è V(ostra) P(aternità) Riv(eritissi)ma: La quale ora io divotamente|115p| priego ad accogliere con la sua solita altezza d'animo, siccome ha fatto degli altri, questo mio, forse ultimo, ma certamente piu di tutti tenero parto: il quale, con la buona v(ost)ra gra(zia), sarà più agiato | tra le v(ost)re rozzissime Lane, che non tra le porpore e i dilicati bissi de' Grandi: e faccendole umilissima riverenza, mi confermo

Nap(oli), 25 8bre 1725
    Di V(ostra) P(aternità) Riv(eritissi)ma
        Divot(issi)mo et Obligat(issi)mo Ser(vito)re
            Giambattista Vico

esta obra deu forma a um certo espírito heroico em mim, graças ao qual não me perturba mais nenhum medo da morte e sinto o ânimo sem a preocupação de falar dos êmulos. Finalmente, firmou-me como sobre uma alta adamantina Fortaleza o juízo de Deus, que faz justiça às obras de Engenho com a estima dos Sábios, os quais sempre e em toda parte foram pouquíssimos: não esses recitadores de Livros alheios; não aqueles que apodrecem as noites em Vênus e no vinho, ou que são agitados por nocivas meditações e que, ao tramarem contra a Verdade e a Virtude, devem encobrir as tolices e as infâmias cometidas no dia anterior para no dia seguinte posarem de doutos e bons; finalmente, não os preguiçosos, que, refugiando-se na sombra de sua negligência, ou melhor, passando despercebidos na densa noite de seus nomes, vão latrocinando a honra merecida dos homens valorosos e ousam de todos os modos massacrar o crédito alheio; se bem que as trevas da sua negra paixão de Inveja apressam e aprofundam em suas próprias vísceras os golpes cheios de veneno; mas sábios são os homens de altíssimo entendimento, de erudição toda própria, generosos e magnânimos, que não buscam outra coisa senão proporcionar obras imortais à comunidade das Letras: dentre os quais o primeiro, ou dentre os primeiros, está Vossa Paternidade Reverendíssima, a quem eu agora devotamente rogo que acolha com a sua habitual elevação de ânimo, assim como fez com os outros, esse meu último talvez, mas certamente o mais tenro parto de todos, que com a vossa graça será melhor acomodado entre as vossas mais grosseiras Lãs do que entre as púrpuras e as mais delicadas sedas dos Grandes; e fazendo--lhe humilíssima reverência, confirmo-me

Nápoles, 25 de outubro de 1725
    De Vossa Paternidade Reverendíssima
        Devotíssimo e Obedientíssimo Servidor
           Giambattista Vico

37. A JEAN LECLERC

Ill(ustrissi)mo Sig(no)re Sig(no)re e P(adro)ne S(empr)e Col(endissi)mo

La Risposta pienissima di degnazione, rendutami tre anni fa per mano del Sig(no)r Principe d'Avellino, con la quale V(ostra) S(ignoria) Ill(ustrissi)ma mi accusava la ricevuta de' i due miei libri De Uno Universi Iuris Principio, et Fine, et De Constantia Jurisprudentis, che io per lo Sig(no)r Conte Wildenstein l'aveva dentro l'istesso anno inviati; ed il luminoso luogo, che Ella favorì l'anno appresso dar loro nella sua immortale Biblioteca, sono stati come due mantici, onde io formassi il getto di quest'altra opera, la quale pieno di riverenza, e rispetto presentemente l'invio. Questa, a dir vero, è unicamente figliuola della v(ost)ra Generosità, la quale va sempre di seguito alla Grandezza di stato di chi la usa, siccome con meco la usaste Voi, che per la v(ost)ra stupenda Erudizione, ed ammirabil sapienza, siete da per tutto riverito Principe de' dotti huomini del nostro secolo. | Io pure apertamente in questo Libro il professo col Mondo, particolarmente nell'Indice delle Volgari Tradizioni, ove perchè facesse meno a me d'invidia il v(ost)ro chiarissimo Nome appo i meno dotti, e appo gli intendenti la v(ost)ra autorità piu di peso, vi cito senza alcun titolo o loda, riferendo una particella del v(ost)ro Giudizio dato di quell'opera antecedente, per dimostrare in effetto, che egli mi ha dato tutto il valore di meditare ne' Principj |116p| di questa scienza. Tanta è la ragione de' miei debiti con la v(ost)ra altezza d'animo usata verso di me! Questo sì, che fo pregio di porre a conto di soddisfazione quantunque menoma al moltissimo, che vi debbo, di aver dimostro a Roma, che un v(ost)ro giudizio mi ha fornito di fondamento a lavorare quest'opera che'l Cardinal Fabroni tra gli altri pubblicamente dice, aver bisognato alla Cristiana Religione incontro le massime della Civiltà di Tomasso Obbes e contro la pratica de' Governi di Baile, che vorrebbe senza Religioni poter reggere le Nazioni. Laonde rendo infinite grazie a V(ostra) S(ignoria) Ill(ustrissi)ma di cotanti benefizj fattimi, che nel valicare quest'oceano ella mi ha servito di Tramontana; perdendomi spesse volte di animo, ella mi ha spirato il vento favorevole a seguitare il cammino; e nelle tempeste della contraria fortuna e della corruzione del secolo, ella mi difende di Porto.

Epistolário – Cartas escolhidas

A JEAN LECLERC

Ilustríssimo Senhor, Senhorio e Patrono Sempre Colendíssimo

    A resposta pleníssima de dignidade, que me chegou há três anos pela mão do Senhor Príncipe de Avellino, com a qual Vossa Senhoria Ilustríssima me acusava do recebimento de meus dois livros, *De Uno Universi Iuris Principio et Fine* [*Do Único Princípio e Fim do Direito Universal*] e *De Constantia Iurisprudentis* [*Da Constância do Jurisprudente*], que eu pelo Senhor Conde Wildenstein lhe tinha enviado no mesmo ano; e o lugar luminoso em que o Senhor fez o favor de colocá-los em sua imortal Biblioteca no ano seguinte, foram como dois foles de cujo sopro se formou essa outra obra, que cheio de reverência e respeito presentemente lhe envio. Essa, para dizer a verdade, é unicamente filha de vossa Generosidade, que sempre acompanha a Grandeza do estado de quem a usa, assim como a usastes comigo, Vós que em toda a parte sois reverenciado Príncipe dos homens doutos de nosso século, pela vossa estupenda Erudição e admirável sabedoria. Como todo Mundo, neste Livro eu o declaro abertamente, em particular no Índice das Tradições Vulgares, onde, para que o vosso ilustríssimo Nome atraísse menos inveja dos menos doutos e entre os entendidos a vossa autoridade tivesse mais peso, vos cito sem qualquer título ou elogio, referindo uma pequena parte de vosso Juízo feito àquela obra antecedente, para demonstrar, com efeito, o quanto ele me encorajou a meditar os Princípios dessa ciência. Tamanha é a razão das minhas dívidas para com a vossa nobreza de ânimo comigo! Isso, sim, tenho a honra de oferecer como compensação, ainda que modesta, ao muitíssimo que vos devo: ter demonstrado a Roma que um juízo vosso me serviu de fundamento para elaborar essa obra, que o Cardeal Fabroni, entre outros, disse publicamente ter faltado à Religião Cristã contra as máximas da Vida Civil de Thomas Hobbes e contra a prática dos Governos de Bayle, que desejaria poder reger as Nações sem Religiões. Por isso, agradeço infinitamente a Vossa Senhoria Ilustríssima por me beneficiar tanto, porque, ao cruzar esse oceano, o senhor me serviu de Vento Norte: perdendo muitas vezes o ânimo, o senhor soprou-me o vento favorável para seguir o caminho, e, nas tempestades da contrária fortuna e da corrupção do século, o senhor protege-me como um Porto.

Oltre al suo accompagno un'altro esemplare, il quale è indirizzato alla v(ost)ra celebre Università | di Utrecht, che io non dubito punto, che vi anderà con tutto il contegno, se'l vi condurrà V(ostra) S(ignoria) Ill(ustrissi)ma, che è di lei il sommo ornamento: et umilissimamente inchinandola mi confermo

Napoli, 3 9bre 1725
    Di V(ostra) S(ignoria) Ill(ustrissi)ma a cui riverentemente soggiugno, che voglia indirizzare la Risposta, di che mi degnerà, al Sig(no)r Giuseppe Atias in Livorno, huomo conosciuto in coteste v(ost)re parti per la sua Lezion Biblica.

    Divot(issi)mo et Obligat(issi)mo Ser(vito)re
        Giambattista Vico

Além do seu, faço-vos acompanhar um outro exemplar, endereçado à vossa célebre Universidade de Utretch; e não duvido que chegará lá com todo reconhecimento, se for levada por Vossa Senhoria Ilustríssima, que é o seu supremo ornamento. E, humildemente fazendo-lhe reverência, me confirmo

Nápoles, 3 de novembro de 1725
    De Vossa Senhoria Ilustríssima, a quem peço respeitosamente que queira endereçar a Resposta, o que muito me honrará, ao Senhor Giuseppe Atias em Livorno, homem conhecido nessas vossas bandas pela sua Lição Bíblica.

    Devotíssimo e Obedientíssimo Servidor
        Giambattista Vico

38. A LUIGI ESPERTI

Ill(ustrissi)mo Signore e Padre Cole(ndissi)mo

Ho ricevuto altra pregiatissima sua nella quale V(ostra) S(ignoria) Ill(ustrissi)ma mi dà parte della sua villeggiatura che io le auguro salutevole. Però con questo ordinario mando la consaputa cassetta; ove dentro è la nota di quelli che ella avrà la bontà ripartire a' destinati soggetti. Il Padre Mattia Petagna sarà a la di lei casa a dar la notizia |117| di essere ricapitata in cotesta Posta: e quando V(ostra) S(ignoria) Ill(ustrissima) con sua salute sarà in Roma ritornata, esso sarà a priegarla delle varie grazie per lui proffertemi. Priegola adoperarsi col segretario di S(ua) E(minenza) che | egli consegni a V(ostra) S(ignoria) Ill(ustrissi)ma la risposta di che S(ua) E(minenza) mi farà degna; la quale ella avrà la bontà mandare al signor D(on) Saverio Mastellone, perchè mi giunga più sicura: e mi favorirà scrivermi la fortuna che quest'opera incontrerà costì, e sopra tutto nella discoverta dei principii della *Scienza del Blasone, e delle Medaglie,* particolarmente per le *Origini Eroiche delle due case di Francia e d'Austria.* L'incomoderò appresso di quelli che devono andare per l'Italia. Non ho potuto vedere il signor D(on) Marcello Filomarino per servirla con esso lui, e dargliene ora risposta. Io, il signor Ciccarelli non molto speriamo che il signor Cirillo voglia incomodarsi per la sua gloria.

Le invio duplicato di questo per la posta e bramoso de' suoi riveriti comandi, con farle devotamente riverenza, mi confermo

Napoli, 18 Novembre 1725
    Di V(ostra) S(ignoria) Ill(ustrissi)ma
        Devot(issimo) ed Obbl(igatissimo) Ser(vitore)
            Giambattista Vico

A LUIGI ESPERTI

Ilustríssimo Senhor e Padre Colendíssimo

 Recebi outra estimadíssima carta sua, na qual Vossa Senhoria Ilustríssima me deixa a par do seu retiro, que eu lhe desejo salutar. Todavia, mando com este carteiro a seguinte caixeta, onde está a lista daqueles que o senhor terá a bondade de distribuir aos destinatários. O Padre Mattia Petagna estará na sua casa para dar a notícia se foi entregue nesse Correio; quando Vossa Senhoria Ilustríssima estiver de volta a Roma com saúde, este lhe suplicará várias graças por ele a mim prometidas. Suplico-lhe que veja com o Secretário de Sua Eminência para que ele entregue à Vossa Senhoria Ilustríssima a resposta de que Sua Eminência me tornará digno, a qual o senhor terá a bondade de mandar ao senhor Don Saverio Mastellone, para que chegue a mim com mais segurança; e será de grande ajuda se contar-me a fortuna que essa obra encontrará por aí, sobretudo as descobertas dos princípios da *Ciência dos Brasões e das Medalhas*, particularmente acerca das *Origens Heroicas das casas da França e da Áustria*. Logo mais, o incomodarei a respeito daqueles que devem seguir pela Itália. Não pude ver o senhor Don Marcello Filomarino para incumbi-lo desse serviço e dar-lhe agora uma resposta. Eu e o senhor Ciccarelli não temos muita esperança de que o senhor Cirillo queira incomodar-se com a sua glória.
 Envio-lhe duplicata disso pelo correio e, ávido por seus reverenciados comandos, fazendo-lhe devotamente reverência, me confirmo

Nápoles, 18 de novembro de 1725
 De Vossa Senhoria Ilustríssima
  Devotíssimo e Obedientíssimo Servidor
   Giambattista Vico

39. A LORENZO CORSINI

Em(inentissi)mo Principe

Riflettendo io al sommo onore, che V(ost)ra Em(inen)za mia aveva già compartito per mezzo di Monsig(no)r Monti, di aver ricevuto nella V(ost)ra alta Protezione l'opera da me scritta in due Libri, nella quale per via di Dubbj, e Desiderj, maniera la qual fa piu tosto farla, che soddisfa la mente umana, si andavano ritruovando i Principj dell'Umanità delle Nazioni, e quindi quei del Diritto Naturale delle Genti, la qual Opera già era alla mano per istamparsi; e, considerando altresì la mia avvanzata, e cagionevole età; mi determinai finalmente, affatto abbandonar quella, e consecrare a V(ost)ra Em(inen)za quest'opera, piu picciola in vero, ma, se non vado errato, di gran lunga piu efficace della Prima: nella quale per mezzo di tre verità positive, sperimentate dall'Universale delle Nazioni, che |118| si prendono per Principj e per un gran seguito di rilevantissime discoverte, dando altro ordine e piu brieve, e piu spedito a quelle medesime cose, che si dubitavan<o e si ricercavano nella Prima, si truovano tali Principj convincere di fatto e i Filosofi Obbesiani, e i Filologi Baileani, con dimostrar loro, che'l Mondo delle Nazioni non abbia retto pur'un momento senza la Religione d'una Divinità Provedente: e nello stesso tempo si roversciano i tre Sistemi del Diritto Naturale delle Genti; che | fondano Grozio, è Pufendorff con Ipotesi, e Seldeno benche di fatto ma niuno degli tre gli stabiliscono sulla Provedenza Divina, siccome meglio di loro fecero i Romani Giureconsulti. Sì fatta Opera aveva io destinato dare alla Luce qualche anno dopoi, come per soluzione della Prima, quasi d'un Problema innanzi proposto. Così ho io terminato nell'Em(inen)za V(ost)ra l'ultima delle mie fatiche, spese ben venticinque anni di continova, ed aspra Meditazione sopra questo Argomento; o almeno, se me ne resteranno altre a fare, saranno quelle, come Corollarj di questa.

Epistolário – Cartas escolhidas

A LORENZO CORSINI

Eminentíssimo Príncipe,

Refletindo eu sobre a suma honra, que Vossa Eminência havia já compartilhado comigo através do Monsenhor Monti, de ter recebido em Vossa elevada Proteção a obra por mim escrita em dois Livros, na qual, por meio de Dúvidas e Desideratos, maneira que para satisfazer a mente humana é mais difícil de executar, vão sendo descobertos os Princípios da Humanidade das Nações e, portanto, aqueles do Direito Natural das Gentes, Obra que já estava à mão para ser publicada; e, considerando ainda a minha avançada e frágil idade, determinei-me finalmente a abandonar totalmente aquela e a consagrar à Vossa Eminência esta obra, bem menor na verdade, mas, se não estou errado, largamente mais eficaz do que a Primeira; na qual, por meio de três verdades positivas, experimentadas pelo Universal das Nações, que se tomam como Princípios, e por uma grande sequência de descobertas muito relevantes, dando outra ordem mais breve e mais rápida àquelas mesmas coisas que foram postas em dúvida e pesquisadas na Primeira, vemos tais Princípios convencerem de fato os Filósofos Hobbesianos e os Filólogos Bayleanos ao demonstrar-lhes que o Mundo das Nações não se governou, nem por um momento, sem a Religião de uma Divindade Providente; ao mesmo tempo, são derrubados os três Sistemas do Direito Natural das Gentes, que Grócio e Pufendorf fundam com Hipóteses, e Selden de fato, não obstante nenhum dos três os estabeleçam sobre a Providência Divina, o que melhor do que eles fizeram os Jurisconsultos Romanos. Tinha eu decidido trazer tal Obra à Luz alguns anos depois como solução da Primeira, como se fosse de um Problema previamente proposto. Assim, terminei em nome de Vossa Eminência a última das minhas labutas, que custaram bem vinte e cinco anos de contínua e áspera Meditação sobre esse Argumento; e se me restarem algumas outras a fazer, serão como Corolários desta.

In sì fatta mia ben'avventurosa occasione di aver sortito per sommo onor mio V(ost)ra Em(inen)za Gran Protettore di tal'opera, il cui Nome è veneratissimo appo tutti i Letterati d'Europa, all'ombra della V(ost)ra Gloria l'ho indirizzata a tutte le di lei Accademie. So che non poteva io fare dell'altra; perché il costume è, nelle sole materie mattematiche di proporre Problemi. Avrei dovuto mandarla a V(ost)ra Em(inen)za stampata in forma grande, e magnifica, particolarmente nello splendore delle stampe di questo secolo: ma me l'hanno impedito le mie anguste fortune: di che però mi consolano la v(ost)ra Grandezza, e Sapienza: questa, che estima le opere di Lettere | dalla dottrina; quella, che col gradimento fa grandi i quantunque piccioli doni. Laonde per mano del Sig(no)r Abb(at)e Giuseppe Luigi Esperti, il quale nell'assenza di Monsig(no)r Monti mi ha favorito costì riceverla, e in mio nome con tutto il dovuto ossequio gliele presenta, supplico umilmente l'Em(inen)za V(ost)ra a riceverla, e gradirla col solito Regale animo V(ost)ro, ed a proteggerla con quella gravità, ond'è cotanto ammirata, e riverita da tutto il Mondo Cristiano: e profondandomi in inchinarla, mi rassegno

Napoli, 20 9bre 1725
    Di V(ostra) Em(inen)za
        Umilissimo e Riverentissimo Servidore
           Giambattista Vico

Nessa bem-aventurada ocasião em que tive a sorte, para a minha suma honra, de ter como Grande Protetor de tal obra Vossa Eminência, cujo Nome é veneradíssimo por todos os Literatos da Europa, à sombra de Vossa Glória, enderecei-a a todas as suas Academias. Sei que não podia fazê-lo com a outra, porque o costume é propor Problemas somente nas matérias matemáticas. Deveria tê-la mandado à Vossa Eminência impressa de forma grande e magnífica, particularmente conforme o esplendor das estampas deste século, mas me impediram as minhas restritas posses, de que, porém, me consolam Vossa Grandeza e Sabedoria: esta, que estima as obras das Letras pela Doutrina; aquela, que com satisfação torna grandes os dons, ainda que pequenos. Por isso, pelas mãos do Senhor Abade Giuseppe Luigi Esperti, que na ausência do Monsenhor Monti ajudou-me recebendo-a aí e que em meu nome com todo o devido obséquio lhas apresenta, suplico à Vossa Eminência humildemente que a receba, a aprecie com Vosso costumeiro ânimo Real e a proteja com aquela gravidade, pela qual é tão admirada e reverenciada em todo Mundo Cristão; e, curvando-me profundamente, resigno-me

Nápoles, 20 de novembro de 1725
    De Vossa Eminência
        Humilíssimo e Reverendíssimo Servidor
            Giambattista Vico

43. A GHERARDO DEGLI ANGIOLI

Lettera
del chiarissimo Giambattista Vico
All'Autore in Eboli, e va stampata nella
seconda Parte delle sue Giovanili Rime
nel 1726

Signor mio, e Padrone Osservandissimo

Ho ricevuto alquanti Sonetti, ed un capitolo, composti da V(ostra) S(ignoria) in cotesta sua Patria, e vi ho scorto un molto maggior ingrandimento di stile sopra il primiero, con cui ella due mesi fa era partita da Napoli; talché mi han dato forte motivo di osservarli con l'aspetto de' principj della poesia da noi ultimamente scoverti col lume della scienza nuova dintorno alla natura delle nazioni: perché le selve, ed i boschi, che non sogliono fare gentili gli animi, nè punto raffinare gli 'ngegni, nè certamente vedo altra cagione, han fatto cotesto vostro, tanto sensibile, quanto ripentino miglioramento. Primieramente ella è venuta a' tempi troppo assottigliati da' metodi analitici, troppo irrigiditi dalla severità de' criterj, e sì di una filosofia, che professa ammortire tutte le facultà dell'animo, che li provvengono dal corpo, e sopra tutte, quella d'immaginare, che oggi si detesta, come madre di tutti gli errori umani; ed in una parola, ella è venuta a' tempi d'una sapienza, che assidera |122| tutto il generoso della miglior poesia: la quale non sa spiegarsi, che per trasporti; fa sua regola il giudizio de' sensi; ed imita, e pigne al vivo le cose, i costumi, gli affetti, con un fortemente immaginargli, e quindi vivamente sentirli. Ma a' ragionamenti filosofici di tali materie, ella, come spesso ho avvertito, sol tanto con la sua mente si affaccia, come per vederle in piazza, o in teatro, non per riceverle dentro a dileguarvi la fantasia, disperdervi |p la memoria e rintuzzarvi lo 'ngegno il quale senza contrasto è 'l padre di tutte le 'nvenzioni: onde è quello, che merita tutta la meraviglia de' dotti; perché tutte ne' tempi barbari, e niuna tra nazioni d'Europa, che abbia il pregio della dilicatezza Francese, nacquero le più grandi, e le più utili invenzioni; come la bussola, e la nave a sole vele,

Epistolário – Cartas escolhidas

A GHERARDO DEGLI ANGIOLI

Carta
do ilustríssimo Giambattista Vico
Ao Autor em Eboli, que será impressa na
segunda Parte das suas Rimas Juvenis
em 1726

Meu Senhor e Patrono Respeitadíssimo

Recebi alguns Sonetos e um capítulo, compostos por Vossa Senhoria nessa sua Pátria, e percebi neles muito maior engrandecimento de estilo em relação ao primeiro, com o qual o senhor dois meses atrás partiu de Nápoles, tal que me deram forte motivo de observá-los pelo aspecto dos princípios da poesia por nós ultimamente descobertos à luz da ciência nova sobre a natureza das nações: pois as selvas e os bosques, que não costumam tornar gentis os ânimos e em nada refinar os engenhos (nem vejo certamente outra causa), fizeram esse vosso tão sensível, quanto repentino melhoramento. Primeiramente, o senhor surgiu em tempos demasiadamente sutilizados pelos métodos analíticos, demasiadamente enrijecidos pela severidade dos critérios e, assim, de uma filosofia que professa amortecer todas as faculdades do ânimo que provêm do corpo, sobretudo aquela de imaginar, que hoje se detesta como a mãe de todos os erros humanos; em uma palavra, o senhor surgiu nos tempos de uma sabedoria que congela toda a generosidade da melhor poesia: que não sabe desenvolver-se senão por transportes, faz do juízo dos sentidos sua regra, imita e pinta com vivacidade as coisas, os costumes, os afetos, ao fortemente imaginá-los e, portanto, vivamente senti-los. Mas os raciocínios filosóficos sobre tais matérias, o senhor, como muitas vezes notei, só com a sua mente defronta, como para vê-las na praça ou no teatro, e não para acolhê-las intimamente a dissipar-vos a fantasia, dispersar-vos a memória e embotar-vos o engenho, que é indiscutivelmente o pai de todas as invenções; decorre daí o que merece toda maravilha dos doutos, pois todas as maiores e mais úteis invenções nasceram nos tempos bárbaros, e nenhuma entre as nações da Europa que tenha o mérito da delicadeza Francesa, como a bússola e o barco somente à vela,

che entrambe han fruttato lo scuoprimento dell'Indie, e 'l dimostrato compimento della geografia; il lambicco, che ha cagionato colla Spargirica tanti avvanzamenti alla Medicina; la circolazione del sangue, che ha fatto cambiare di sentimenti alla fisica del corpo animato, e voltar faccia all'Anatomia; la polvere, e lo schioppo, che han portato una nuova bellica; la stampa e la carta, che han riparato alle difficoltà delle ricerche, ed alle perdite de' manoscritti; la cuppola sopra quattro punti da altrettanti archi sospesa, che ha fatto stupire l'architettura degli antichi, ed ha dato motivo a scienza nuova di Meccanica; e sullo spirare della barbarie il cannocchiale, che ha prodotto nuovi sistemi d'astronomia. Dipoi ella è venuta in età della qui tra noi rifiorente toscana poesia: ma un tanto beneficio deve ella al tempo, da cui è stata, senza guida altrui, menata a leggere Dante, Petrarca, Guidiccioni, Casa, Bembo, Ariosto, ed altri Poeti Eroi del cinquecento; poiché sopra tutti, non per altrui avviso fattone accorto, ma per lo vostro senso poetico vi compiacete di Dante, contro il corso naturale de' giovani; i quali per lo bel sangue, che ride loro nelle vene, si dilettano di fiori, d'acconcezze, d'amenità: e voi con un gusto austero innanzi gli anni gustate di quel divino Poeta, che alle fantasie dilicate d'oggi dì sembra incolto, e ruvido anzi, che no; ed agli orecchi ammorbiditi da musiche effeminate suona una soventi fiate insoave, e bene spesso ancora dispiacente armonia. Cotesto le fu dato dal melancolico umore, di che ella abbonda: onde nelle conversazioni nostre, anche amenissime, voi dal piacere degli esterni solete ritrarvi a quello del vostro senso interiore: e, quantunque dalla vostra tenera età siete versato ben dieci anni nel lume | di questa |123| grande, bella e gentil Città dell'Italia, pure, perché siete nato a pensar poetico, rado e poco parlate con favella volgare; e ancor vi comparite poco addestrato alla pulitezza del nostro sermon civile. Ora è ben fatto, che sappiate, cosa fece gran Poeta, Dante, di cui voi cotanto vi dilettate per un certo natural senso, onde egli vi fa Poeta, che lavorate di getto, non per riflessione forse men propia, onde egli vi facesse un'imitatore meschino. Egli nacque Dante in seno alla fiera, e feroce barbarie d'Italia, la quale non fu maggiore, che da quattro secoli innanzi, cioè IX. X. et XI. e nel XII. di mezzo ad essa Firenze rincrudelì con le fazioni de' Bianchi, e Neri, che poi arsero tutta Italia propagate in quelle de' Guelfi, e de' Gibellini:

que juntos tiveram como fruto o descobrimento das Índias e o demonstrado acabamento da geografia; o alambique, que gerou com a Espagíria tantos avanços na Medicina; a circulação do sangue, que fez a física do corpo animado mudar seus sentimentos e voltar a face à Anatomia; a pólvora e a espingarda, que trouxeram uma nova arte bélica; a imprensa e o papel, que repararam a dificuldade das pesquisas e as perdas dos manuscritos; a cúpula sobre quatro pontos por vários arcos suspensa, que espantou a arquitetura dos antigos e motivou a nova ciência Mecânica; e, no expirar da barbárie, o telescópio, que produziu novos sistemas de astronomia. Além disso, o Senhor surgiu na idade da, aqui entre nós, reflorescente poesia toscana: tanto benefício deve o senhor ao tempo em que foi, sem ajuda alheia, levado a ler Dante, Petrarca, Guidiccioni, Casa, Bembo, Ariosto e outros Poetas Heróis do século XVI; porque acima de todos, tendo-se dado conta disso, não por um conselho alheio, mas pelo vosso senso poético, vos rejubilais de Dante, contra o curso natural dos jovens, os quais, pelo belo sangue que ri em suas veias, se divertem com flores, com enfeites, com amenidades; e vós, com um gosto austero, bem cedo gostastes daquele divino Poeta, que às fantasias delicadas de hoje parece inculto e áspero, ao contrário de sê-lo, e aos ouvidos amolecidos por músicas afeminadas soa amiúde uma desafinada e bem frequentemente também desagradável harmonia. Esse lhe foi dado pelo humor melancólico que no senhor abunda; daí que nas nossas conversações, também ameníssimas, vós, do prazer das coisas de fora, costumais retirar-vos para aquele do vosso senso interior; e, ainda que sejais versado há bem dez anos na luz desta grande, bela e gentil Cidade da Itália, apesar da vossa tenra idade, todavia, porque nascestes para o pensar poético, falais raramente e pouco em linguagem vulgar, e vos apresentais ainda pouco adestrado à polidez do nosso sermão civil. Ora, é muito bom que saibais o que tornou Dante um grande Poeta, com o qual vós tanto vos deleitais graças a um certo senso natural, que vos faz Poeta que trabalha por impulso, não por uma reflexão, menos própria talvez, que vos tornaria um mísero imitador. Nasceu Dante no seio da ferina e feroz barbárie da Itália, que não foi maior do que a de quatro séculos antes, isto é, nos séculos IX, X, XI e no XII. Em meio a essa, Florença recrudesceu com as facções dos Brancos e Negros, que depois incendiaram toda a Itália, propagadas naquelas dos Guelfos e dos Gibelinos,

per le quali gli uomini dovevano menar la vita nelle selve, o nella città, come selve; nulla, o poco tra loro, e non altrimenti, che per le streme necessità della vita, comunicando:nel quale stato ricorso delle fiere di Grecia d'Orfeo, dovendosi penuriare di una somma povertà di parlari, tra per la confusione di tante lingue, quante furono le nazioni, che dal settentrione eranvi scese ad innondarla, quasi ritornata in Italia quella dalla gran torre di Babilonia, i latini da' barbari, i barbari da' latini non intendendosi; e per la vita selvaggia, e sola menata nella crudel meditazione d'innestinguibili odj, che si lasciarono lunga età in retaggio a' vegnenti; dovette tra gli Italiani ritornare la lingua muta, che noi dimostrammo, delle prime nazioni gentili, con cui i loro autori, innanzi di truovarsi le lingue articolate, dovettero spiegarsi a guisa di mutoli, per atti, o corpi aventino naturali rapporti all'idee, che allora dovevano essere sensibilmente, delle cose, che volevan essi significare: le quali espressioni vestite appresso di parole vocali debbono aver fatta tutta l'evidenza della favella poetica, che significasse poco men, che naturalmente: il quale stato di cose dovette più, che altrove, durare in Firenze, per lo bollore turbolento di quell'acerrima nazione, come per ben dugento anni appresso, fin che fu tranquillata col Principato, durò il maroso di quella Repubblica |p tempestosissima. Ma la Provvedenza, perché non si sterminasse affatto il gener' Umano, rimenandovi i tempi divini del primo mondo delle nazioni, dispose, che almeno la religione con la lingua della Chiesa latina (lo stesso per le stesse cagioni provvidde all'Oriente con la greca) tenesse gli uomini dell'Occidente in società: onde coloro soli, che se n'intendevano, cioè i Sacerdoti, erano i sapienti : di che quanto poco avvertite tanto gravi ripruove |124| son queste tre; I. che da questi tempi i Regni Cristiani in mezzo al più cieco furore dell'armi si fermarono sopra Ordini di Ecclesiastici: onde quanti erano Vescovi, tanti erano i Consiglieri de' Re; e ne restò, che per tutta la Cristianità, ed in Francia più, che altrove, gli Ecclesiastici andarono a formare il primo ordine degli Stati: II., che di tempi sì miserevoli non ci sono giunte memorie, che scritte in latin corrotto da uomini religiosi o monaci, o cherici: III., che i primi Scrittori de' novelli idiomi volgari furono i Rimatori Provenzali, Siciliani, e Fiorentini;

por causa das quais os homens deviam levar a vida nas selvas, ou nas cidades tornadas selvas, não comunicando nada ou só pouco entre eles, exceto pelas necessidades extremas da vida; nesse estado retornado das feras da Grécia de Orfeu, devendo-se padecer de uma extrema pobreza de falares, em meio à confusão de tantas línguas, quantas foram as nações que do setentrião tinham descido para inundá-la, quase repetindo na Itália aquela grande torre da Babilônia, os latinos não compreendendo os bárbaros, nem os bárbaros os latinos. Pela vida selvagem, conduzida somente na cruel meditação de inextinguíveis ódios que foram deixados por muito tempo como legado aos vindouros, deve ter retornado entre os Italianos a língua muda, que nós demonstramos ter sido a das primeiras nações gentias, com a qual os seus autores, antes de encontrarem-se as línguas articuladas, devem ter-se explicado à maneira dos mudos, por atos ou corpos que tivessem relações naturais com as ideias, que deviam ser então sensibilíssimas, das coisas que eles queriam significar; expressões que, vestidas depois de palavras vocais, devem ter feito toda a evidência da linguagem poética, que significava mais ou menos naturalmente. Esse estado de coisas deve ter durado mais em Florença do que alhures, por causa da ebulição turbulenta dessa acérrima nação, uma vez que, por cerca de duzentos anos depois, até que foi pacificada com o Principado, durou o vagalhão daquela República tempestuosíssima. Mas a Providência, para que não se exterminasse realmente o gênero Humano, reconduzindo-o aos tempos divinos do primeiro mundo das nações, dispôs que ao menos a religião, com a língua da Igreja latina (e com a língua grega proveu pelas mesmas causas o mesmo ao Oriente), mantivesse os homens do Ocidente em sociedade; motivo pelo qual somente os que se entendiam acerca disso, isto é, os Sacerdotes, eram os sábios. Do quanto foi há pouco advertido, importantes comprovações são estas três: I. que nesses tempos os Reinos Cristãos, em meio ao mais cego furor das armas, firmaram-se sobre Ordens de Eclesiásticos, de modo que os Bispos eram tantos quantos os Conselheiros dos Reis; e disso resultou que, por toda a Cristandade, e na França mais que alhures, os Eclesiásticos vieram a formar a primeira ordem dos Estados; II. que de tempos tão miseráveis não nos chegaram memórias, a não ser escritas em um latim corrompido por homens religiosos, monges ou clérigos; III. que os primeiros Escritores dos novos idiomas vulgares foram os Rimadores Provençais, Sicilianos e Florentinos,

e la loro volgare dagli Spagnuoli si dice tuttavia lingua di Romanzo, appò i quali i primi Poeti furono Romanzieri: appunto come per le stesse precorrenti cagioni noi nella scienza nuova dimostrammo Omero, come egli è 'l primo certo autor Greco, che ci è pervenuto, così è senza contrasto il Principe, e Padre di tutti i Poeti, che fiorirono appresso ne' tempi addottrinati di Grecia, che li tengon dietro, ma per assai lungo spazio lontani. La qual origine di Poesia può ogni uno, che se ne diletti, sentire, non che riflettere, esser vera in se stesso; che in questa stessa copia di lingua volgare, nella quale siamo nati, egli, subito che col verso, o con la rima avrà messa la mente in ceppi, ed in difficoltà di spiegarsi, senza intenderlo, è portato a parlar poetico; e non mai più prorompe nel meraviglioso, se non quando egli è più angustiato da sì fatta difficoltà. Per cotal povertà di volgar favella Dante a spiegare la sua comedia dovette raccogliere una lingua da tutti i popoli dell'Italia, come, perché venuto in tempi somiglianti, Omero aveva raccolta la sua da | tutti quelli di Grecia: onde poi ogni uno ne' di lui poemi ravvisando i suoi parlari natj, tutte le città greche contesero, che Omero fosse suo cittadino. Così Dante fornito di poetici favellari, impiegò il colerico ingegno nella sua comedia: nel cui inferno spiegò tutto il grande della sua fantasia, in narrando ire implacabili, delle quali una, e non più, fu quella di Achille, ed in membrando quantità di spietatissimi tormenti: come appunto nella fierezza di Grecia barbara Omero descrisse tante varie atroci forme di fierissime morti, avvenute ne' combattimenti de' Trojani co' Greci, che rendono inimitabile la sua Iliade: ed entrambi di tanta atrocità vi sparsero le loro favole, che in questa nostra umanità fanno compassione, ed allora cagionavan piacere negli uditori: come oggi gl'Inghilesi poco ammolliti dalla dilicatezza del secolo, non si dilettano di tragedie, che non abbiano dell'atroce: appunto quale il primo gusto del teatro |125| greco ancor fiero, fu certamente delle neferie cene di Tieste, e dall'empie stragi fatte da Medea di fratelli, e figliuoli.

Ma nel Purgatorio, dove si soffrono tormentosissime pene con inalterabile pazienza; nel Paradiso, ove si gode infinita gioja con una somma pace dell'animo, quanto in questa mansuetudine, e pace di costumi umani non lo è, tanto a que' tempi impazienti di offesa, o di dolore era meravigliosissimo Dante:

e a sua língua vulgar pelos Espanhóis é chamada, todavia, língua de Romance, entre os quais os primeiros Poetas foram Romancistas; precisamente como nós na ciência nova demonstramos ser Homero pelas mesmas causas recorrentes: tal como ele é certamente o primeiro autor Grego que chegou até nós, assim também é indiscutivelmente o Príncipe e o Pai de todos os Poetas que floresceram depois nos tempos doutrinados da Grécia, que estão atrás dele, mas a uma distância muito grande. Essa origem da Poesia, qualquer um que com ela se deleite pode sentir e também refletir que é verdadeira em si mesma, e que, nessa mesma abundância da língua vulgar na qual nascemos, logo que com o verso ou com a rima tiver deixado a mente agrilhoada e em dificuldade de explicar-se, sem entendê-los é levado ao falar poético e não irrompe jamais no maravilhoso a não ser quando é mais afligido por uma dificuldade desse tipo. Por tal pobreza de linguagem vulgar, Dante, para desenvolver sua comédia, deve ter recolhido uma língua de todos os povos da Itália, como Homero, porque, surgido em tempos semelhantes, havia recolhido a sua de todos aqueles da Grécia; motivo pelo qual, cada um reconhecendo nos poemas dele seus falares nativos, todas as cidades gregas depois disputaram Homero como seu cidadão. Assim, Dante, munido de linguajares poéticos, empregou o colérico engenho na sua comédia, em cujo inferno desenvolveu toda a grandeza de sua fantasia, narrando iras implacáveis, das quais uma, e não mais, foi aquela de Aquiles, e recordando uma quantidade de impiedosíssimos tormentos: exatamente como, na crueldade da Grécia bárbara, Homero descreveu tantas várias formas atrozes de mortes crudelíssimas, ocorridas nos combates entre Troianos e Gregos, que tornam inimitável sua Ilíada; e ambos espalharam suas fábulas com tanta atrocidade, que nessa nossa humanidade provocam compaixão e outrora causavam prazer nos ouvintes; como hoje os Ingleses, pouco amolecidos pela delicadeza do século, não se deleitam com tragédias que não têm o atroz: precisamente tal qual o primeiro gosto do teatro grego, ainda cruel, foi certamente das nefárias ceias de Tieste e das impiedosas matanças de irmãos e filhos feitas por Medeia.

Mas no Purgatório, onde se sofre tormentosíssimas penas com inalterável paciência, e no Paraíso, onde se goza infinita alegria com suma paz de ânimo, Dante não é maravilhosíssimo nessa tranquilidade e paz de costumes humanos, tanto quanto o era naqueles tempos impacientes de ofensa ou de dor:

appunto come per lo concorso delle stesse cagioni, l'Odissea, ove si celebra l'eroica pazienza d'Ulisse, è appresa ora minor dell'Iliade, la quale a' tempi barbari d'Omero, simiglianti a quelli, che poi seguirono di Dante, dovette recare altissima meraviglia. Per ciò, che si è detto, ella non già mi sembra esser imitatore di Dante, perché certamente, quando ella compone, non punto pensa d'imitar Dante; ma con tal melancolico ingegno, tal severo costume, tal'incetta di poetici favellari, è un giovinetto di natura poetica de' tempi di Dante. Quindi nascono coteste tre vostre poetiche propietà: I. che cotal vostra fantasia vi porta ad entrare nelle cose stesse, che volete voi dire, ed in quella le vedete sì risentite, e vive, che non vi | permettono di riflettervi; ma vi fan forza a sentirle, e sentirle con cotesto vostro senso di gioventù, la quale, come l'avverte *Orazio nell' Arte,* è di sua natura, sublime; di più con senso di nulla infievolito dalle presenti filosofie, di nulla ammollito da' piaceri effeminati, e perciò senso robusto; e finalmente, per le ombre della vostra malincolia, come all'ombra gli oggetti sembrano maggiori del vero, con senso anche grande: il quale perciò si dee per natura portar dietro l'espressione con grandezza, veemenza, sublimità. II. che i vostri sono sentimenti veri poetici; perché sono spiegati per sensi, non intesi per riflessione: le quali due sorte di Poeti *Terenzio* ci divisò nel suo *Cherea,* giovinetto violentissimo; il quale della schiava, di cui esso, in vedendola passare per istrada, si era ferventissimamente innamorato, dice al suo amico *Antifone:*

> *... Quid ego ejus tibi nunc faciem*
> praedicem, aut laudem, Antipho;
> *Cum ipsum me noris, quam elegans*
> *formarum spectator siem?*

ecco i Poeti, che cantano le bellezze, e virtù delle loro donne per riflessione, che sono Filosofi, che ragionano in versi, o in rime d'amore |126p|: e chiude tutte le somme, e sovrane lodi della sua bella schiava con questo senso poetico in questo motto spiegato con poetica brevità;

exatamente como, pelo concurso das mesmas causas, a Odisseia, em que se celebra a heroica paciência de Ulisses, é considerada agora menor que a Ilíada, que, nos tempos bárbaros de Homero, semelhantes àqueles ulteriores de Dante, deve ter produzido altíssima maravilha. Por isso é que foi dito que o senhor não me parece ser imitador de Dante, porque certamente, quando o senhor compõe, não pensa nunca em imitar Dante, mas, com tal melancólico engenho, tal severo costume, tal estoque de linguajares poéticos, é um rapazote de natureza poética dos tempos de Dante. Vêm à luz, então, estas três vossas propriedades poéticas: I. que essa vossa fantasia vos leva a entrar nas coisas mesmas que vós quereis dizer e, com ela, vede-las tão intensas e vivas, que não vos permitem refletir, mas vos forçam a senti-las, e senti-las com essa vossa sensibilidade juvenil, a qual, como adverte *Horácio na Arte*, é por sua natureza sublime; aliás, com sensibilidade em nada debilitada pelas atuais filosofias, em nada amolecida por prazeres efeminados, e por isso sensibilidade robusta; e finalmente, graças às sombras da vossa melancolia, como à sombra os objetos parecem maiores do que verdadeiramente são, com sensibilidade também grandiosa, que, portanto, deve por natureza trazer consigo a expressão com grandeza, veemência, sublimidade. II. que os vossos são sentimentos verdadeiramente poéticos, porque são desenvolvidos pelas sensações e não entendidos por reflexão, como as duas sortes de Poetas que *Terêncio* nos descreveu no seu *Quérea*, rapazote violentíssimo, que sobre a escrava, por quem ele se tinha enamorado fervorosissimamente, ao vê-la passar pela rua, disse ao seu amigo *Antifo*:

... Quid ego ejus tibi nunc faciem	[... *Por que exaltaria ou louvaria*
praedicem, aut laudem, Antipho;	A face dela para ti, Antifo,
Cum ipsum me noris, quam elegans	*Se sabes tu tão bem o quão fino*
formarum spectator siem?	*Examinador de formas eu sou?*]

eis os Poetas que cantam as belezas e virtudes das suas mulheres através da reflexão, quais Filósofos que raciocinam em versos ou rimas de amor; e fecham todos os sumos e soberanos elogios à sua bela escrava com esse senso poético, desenvolvido com brevidade poética neste mote:

In hac commotus sum:

con cui lascia da raccogliere al raziocinio, che la schiava sia più bella e più leggiadra di quante belle, e leggiadre donne, e donne Ateniesi abbia giammai veduto, osservato, e scorto un giudice di buon gusto delle bellezze. III. e finalmente, perché i vostri componimenti sono propj de' subietti, di cui parlate: perché non gli andate a ritruovare nell'idee de' Filosofi, per cui i subietti tali dovrebbono essere; onde le false lodi sono veri rimproveri di ciò, che loro manca; ma li rincontrate nelle idee de' Poeti, come in quelle de' Pittori, le quali sono le stesse, e non differiscono tra loro, che per le parole, e i colori; e sì elleno sono | idee, delle quali essi subjetti participano qualche cosa: onde con merito li compite; contornandoli sopra esse idee; appunto come i divini Pittori compiscono sopra certi loro modelli ideali gli uomini, o le donne, che essi in tele ritraggono; talché i ritratti in una miglior aria rappresentino gli originali, che tu puoi dire, che è quello, o quella.

Per tutto ciò io me ne congratulo con esso lei, e con la nostra nazione, a cui ella farà molta gloria. Le porto mille saluti, che le manda il dolcissimo ornamento degli amici, P(adre) D(on) Roberto Sostegni: e le bacio caramente le mani.

Nap(oli), 26 Dicemb(re) 1725
    Di V(ostra) S(ignoria)
        Affezionatiss(imo) e Obbligatiss(imo) Serv(itore)
            Giambattista Vico

In hac commotus sum: [Ela mexeu comigo]

com o qual deixa colher o raciocínio de que a escrava é a mais bela e graciosa dentre todas belas e graciosas mulheres, e mulheres Atenienses, que um juiz de bom gosto em matéria de beleza tenha jamais visto, observado e distinguido. III. e finalmente, porque as vossas composições são apropriadas aos sujeitos de que falais, porque não ides procurá-los nas ideias dos Filósofos, pelas quais os sujeitos são tais como deveriam ser, de modo que os falsos elogios são verdadeiras repreensões disso que lhes falta; mas os encontrais nas ideias dos Poetas, como naquelas dos Pintores, que são as mesmas e não diferem entre si a não ser pelas palavras e as cores, e assim elas são ideias das quais esses sujeitos participam em alguma medida; razão pela qual com mérito os realizais, contornando-os com base nessas ideias, precisamente como os divinos Pintores realizam com base em certos modelos ideais os homens ou as mulheres que eles retratam nas telas; tal que os retratos com melhores ares representam os originais, e tu podes dizer que é aquele ou aquela.

Por tudo isso, eu me congratulo com o senhor e com a nossa nação, à qual o senhor muita glória trará. Trago-Lhe mil saudações da parte do afetuosíssimo ornamento dos amigos, Padre Don Roberto Sostegni, e beijo--lhe com ternura as mãos.

Nápoles, 26 de dezembro de 1725
    De Vossa Senhoria
        Afeiçoadíssimo e Obedientíssimo Servidor
            Giambattista Vico

44. A LUIGI ESPERTI

Ill(ustrissi)mo Sig(no)re Sig(no)re e P(ad)re Col(endissi)mo

Rendo a V(ostra) S(ignoria) Ill(ustrissi)ma cumulatamente i lieti augurj, che volontieri prendo dalla di Lei verso me singolare benivoglienza : e nell'atto stesso, che gliele rendo, gliene rimango infinitamente obbligato.

|127| Siccome infiniti obblighi le professo altresì dell'ufizio passato col Sig(nor)e Cardinale dintorno all'onesta utilità, la quale io credeva avermi offerto la Fortuna nella discoverta delle Origini Eroiche delle due Case di Francia, e d'Austria: ma poiché non sembra all'E(minenza) S(ua) convenirgli, io tanto debbo stimare. Però mi perdoni quì la molta affezione, che V(ostra) S(ignoria) Ill(ustrissi)ma ha per gli miei vantaggi; se in ciò non ascolto il di lei consiglio. Perché stimerei meritar se non biasimo, almeno poco gradimento appo i Sig(no)ri Cardinali Cienfuegos e Polignac, se inviassi loro gli essemplari dell'opera cotanto tardi, e di carta ordinaria; perche de' fini se n'è stampata una sola dozena, e non più; e presentargli senza altra mallevadoria, che della sua Fama, che, come lo stesso Sig(nor)e Cardinal Corsini diceva con essolei, non aveva incontrato applauso appresso taluni: i quali devono essere i più, tra per le ragioni le quali Ella, per favorirmi, gli addusse, et esso Sig(nor)e Cardinale con la sua solita generosità si degnò di riceverle, e per queste altre, che io ora le arrecherò. Il Libro è uscito in una età in cui con l'espressione di *Tacito,* ove riflette sopra i suoi tempi somigliantissimi a questi nostri; *corrumpere et corrumpi seculum vocatur*; e perciò come Libro, che o disgusta, o disagia i molti, non può conseguire l'applauso universale. Perché egli è lavorato sull'Idea della Provedenza, si adopera per la giustizia del Gener'Umano; e richiama le Nazioni a severità. Ma oggi il Mondo o fluttua ed ondeggia tra le tempeste mosse a costumi umani dal Caso di Epicuro; o è inchiodato e fisso alla Necessità del Cartesio: e così o abbandonatosi alla cieca Fortuna, o lasciandosi | strascinare dalla sorda Necessità, poco, se non pur nulla si cura, con gli sforzi invitti di una Elezion ragionevole di regolare l'una, o di schivare, ed ove non possa, almeno di temprar l'altra.

A LUIGI ESPERTI

Ilustríssimo Senhor, Senhorio e Padre Colendíssimo

Faço a Vossa Senhoria Ilustríssima em profusão meus votos de felicidade que tomo de bom grado da Sua singular benevolência para comigo, e no ato mesmo em que os faço fico-vos infinitamente agradecido.

Além disso, declaro-lhe igualmente infinitos agradecimentos pela intercessão com o Senhor Cardeal acerca da honesta utilidade que eu acreditava ter-me presenteado a Fortuna com a descoberta das Origens Heroicas das duas Casas de França e Áustria; mas, porque não parece conveniente à Sua Eminência, eu devo muito estimar. Perdoe-me aqui, porém, a grande afeição que Vossa Senhoria Ilustríssima tem pelo meu sucesso, se nisso não escuto o seu conselho. Pois estimaria merecer, se não desaprovação, ao menos pouco entusiasmo dos Senhores Cardeais Cienfuegos e Polignac, se lhes enviasse os exemplares da obra tão tardiamente e em papel comum, já que dos finos se imprimiu só uma dúzia e não mais, e se os apresentasse sem fiador outro que não a sua Fama, a de não ter encontrado o aplauso de alguns, que devem ser a maioria, como o próprio Senhor Cardeal Corsini dizia ao senhor, uma dentre as razões que o Senhor lhe deu para me ajudar, e que esse Senhor Cardeal, com a sua generosidade habitual, se dignou a acolher, além dessas outras razões que eu agora vou reportar. O Livro saiu numa época em que, segundo a expressão de *Tácito*, quando reflete sobre os seus tempos, semelhantíssimos a esses nossos, *corrumpere et corrumpi seculum vocatur* [corromper e ser corrompido é o gosto do século], e por isso, como se trata de um Livro que desagrada ou incomoda a muitos, não pode alcançar o aplauso universal. Porque ele foi elaborado a partir da Ideia de Providência, empenha-se na justiça do Gênero Humano e convida as Nações à severidade. Mas hoje o Mundo ou flutua e ondula em meio às tempestades que agitam os costumes humanos por causa do Acaso de Epicuro, ou está paralisado e fixo na Necessidade de Descartes; e, assim, ou abandonando-se à cega Fortuna ou deixando-se arrastar pela surda Necessidade, pouco ou nada se preocupa com os esforços tenazes de uma Escolha racional para regular uma ou evitar a outra, e onde isso não for possível, ao menos mitigá-la.

Perciò non piacciono Libri, che quei, i quali, come le vesti, si lavorino sulla moda: ma questo spiega l'Uomo socievole sopra le sue eterne propietà. Gli Scrittori, che amano, vivi udire gridarsi i loro nomi, e com una gloria tempestiva accoppiar l'utile, e far guadagno de' Libri, indirizzano le penne al gusto del Secolo, perche piu speditamente volino a seconda del Tempo. Ed in vero sarebbe materia degna di tutta l'applicazione degl'Ingegni ben'infor-mati de' particolari nella Repubblica delle Lettere, di scrivere *sulle occulte, o straniere cagioni della Fortuna de Libri.* Il *Gassendi* ritruovò il Mondo tutto |128| marcio in amori di Romanzi, e illanguidito in braccio di una troppo compiacente Morale; e vivo udì da per tutto celebrarsi il suo Nome di Ristoratore della buona Filosofia; perché di un Sistema, che fa criterio del vero il senso, di cui a ciascun piace il suo; e pone nel piacere del corpo, perche non vi è altro per Epicuro, che Vano, e Corpo, l'umana Felicità. In odio della Probabile s'irrigidisce in Francia la Cristiana Morale; e dal vicino Settentrione, e gran parte della Germania, lo spirito interno di ciascheduno si fa divina regola delle cose, che si deon credere. Vede il *Cartesio* il tempo di far uso de' suoi meravigliosi talenti, e de' lunghi e profondi suoi studj, e lavora una Metafisica in ossequio della Necessità; e stabilisce per regola del vero | l'Idea venutaci da Dio, senza mai diffinirla : onde tra essi Cartesiani medesimi sovente avviene, che una stessa Idea per uno sarà chiara, e distinta, oscura, e confusa per l'altro: e sì egli salì vivente in fama di Filosofo celebratissimo in questo secolo dilicato, e vistoso, nel quale dagli più con poco studio, e co' soli naturali talenti si vuole comparir dotti; e fanno la loro capacità regola de' libri: onde stimano buoni i soli spiegati, e facili, di cui si possa per passatempo ragionar con le dame; al contrario quelli, che richiedono nel Leggitore molta e varia erudizione, e l'obbligano al tormento del molto riflettere, e combinare, condannano col solo dire, che non s'intendono. L'Inghilterra incerta nelle Religioni, ed in un secolo, quanto severo nel dettar massime, tanto dissoluto nel praticarle, a tempi proprj dà fuori il *Locke,* il quale si studia stabilire la Metafisica della Moda, e vuole sposare Epicuro con la Platonica.

Por isso, não agradam Livros senão aqueles que, como as roupas, são elaborados segundo a moda; mas esse explica o Homem sociável com base nas suas eternas propriedades. Os Escritores, que amam vivamente ouvir gritarem os seus nomes e com uma glória tempestiva casar o útil e fazer dinheiro com os Livros, endereçam as penas ao gosto do Século, para que mais rapidamente voem conforme o Tempo. Na verdade, seria matéria digna de toda a aplicação dos Engenhos bem-informados dos pormenores da República das Letras escrever *sobre as causas ocultas ou estranhas da Fortuna dos Livros*. O *Gassendi* encontrou o Mundo totalmente podre de amores por Romances e lânguido nos braços de uma Moral demasiado complacente, e ouviu vivamente por toda parte celebrar-se o seu Nome como Restaurador da boa Filosofia, porque autor de um Sistema que toma como critério da verdade o sentido, que a cada um apraz o seu, e põe no prazer do corpo, já que não existe para Epicuro nada além de Vão e Corpo, a Felicidade humana. Por ódio da Provável, enrijece-se na França a Moral Cristã, e no vizinho Setentrião e grande parte da Alemanha o espírito interno de cada um torna-se divina regra das coisas em que se devem crer. *Descartes* sabe o momento de fazer uso dos seus maravilhosos talentos e dos seus longos e profundos estudos, e elabora uma Metafísica em conformidade com a Necessidade, estabelecendo como regra da verdade a Ideia vinda a nós de Deus, sem jamais defini-la; por isso, entre esses mesmos cartesianos, acontece frequentemente que uma mesma Ideia seja clara e distinta para um, obscura e confusa para outro; e, assim, ele se elevou em vida à fama de Filósofo celebradíssimo neste século delicado e vistoso, no qual muitos com pouco estudo e tão somente com talentos naturais querem parecer doutos, fazendo da sua capacidade regra dos livros; razão pela qual estimam bons só aqueles explicados e fáceis, com os quais se pode discutir com as damas como passatempo; ao contrário, aqueles que requerem do Leitor muita e variada erudição, e lhe impõem o tormento de muito refletir e combinar, condenam simplesmente dizendo que não são compreensíveis. A Inglaterra, incerta nas Religiões e em um século tão severo no ditar máximas, quanto dissoluto em praticá-las, em tempos próprios traz à luz *Locke*, que se esforça por estabelecer a Metafísica da Moda e quer desposar Epicuro com aquela Platônica.

Tra letterati la maggior parte di tal fatta, che non amano fissarsi nella Lettura di Libri di meditazione, com'Ella a mio pro disse col Sig(nor)e Cardinale, e quindi Filologi, che non si dilettano, che di dizionarj, e Ristretti; quanti pochi deono esser coloro, a cui piaccia quest'Opera: la cui materia, come dice il Sig(nor)e Abb(at)e Odazj per favorirmi, è una vasta disamina delle cose; la pruova è un pensar forte, per profondarvi, e comprenderle? | Ma consolo le mie lunghe, ed aspre fatighe sofferte in mezzo alle tempeste della contraria Fortuna, e tra le secche della mia povera numerosa Famiglia, che l'opera sia piaciuta al Sapientissimo Sig(nor)e Cardinal Corsini, e che stia al coverto della di lui potente protezione.

Quindi sono io molto obbligato al Sig(nor)e Ab(at)e Odazj per l'interesse che ne dimostra, come a' que' molti sani huomini, che |129| egli le disse, sentirne bene. Dintorno agli essemplari, che Ella mi avvisa, che io mandassi a' Sig(no)ri Cardinali Davia, e Pico, dubito mandargli e tardi, e di carta ordinaria però, se Ella comanda così, al suo cenno tosto l'invierò.

Godo che il Sig(nor)e Conte di Porcia resterà contento della Vita Literaria del Sig(nor)e Cirillo.

Per quella del Sig(nor)e Doria, il Sig(nor)e D(on) Marcello Filomarino vi si adopererà con tutta efficacia: il quale la riverisce divotamente: ed umilia i suoi rispetti a S(ua) E(minenza) Corsini: a cui riverentemente risponde, dispiacere ad esso in sommo grado di differire la sua venuta costà, per la quale sta prendendo tutti i mezzi, che vi necessitano, affine di ossequiare l'E(minenza) S(ua) di presenza, com'è suo debito: ed io priegandola dell'onore de' suoi comandi, mi confermo

Di V(ostra) S(ignoria) Illustrissima
   Divot(issi)mo et Obbligat(issi)mo Ser(vito)re
      Giambattista Vico

Entre os literatos, a maioria do tipo daqueles que não gostam de se fixar sobre a Leitura de Livros de meditação, como o Senhor disse em minha defesa ao Senhor Cardeal, portanto, Filólogos que não se deleitam senão com Dicionários e Compêndios, quão poucos devem ser aqueles a quem agrada essa Obra, cuja matéria, como disse o Senhor Abade Odazi para favorecer-me, é um vasto e minucioso exame das coisas; prova disso é ter que pensar muito a fim de nelas se aprofundar e compreendê-las! Mas consola as minhas longas e ásperas fadigas, sofridas em meio às tempestades da contrária Fortuna e entre os escolhos da minha pobre e numerosa Família, que a obra tenha agradado ao Sapientíssimo Senhor Cardeal Corsini e esteja coberta pela sua potente proteção.

Portanto, fico muito agradecido ao Senhor Abade Odazi pelo interesse que demonstra por ela, assim como àqueles homens muito honestos, que ele lhe disse que também gostaram. Sobre os exemplares que o Senhor me pede para mandar aos Senhores Cardeais Davia e Pico, temo enviá-los com atraso e em papel comum; contudo, se o Senhor assim determinar, ao seu aceno os enviarei imediatamente.

Alegra-me saber que o Senhor Conde de Porcia ficará contente com a Vida Literária do Senhor Cirillo.

Para aquela do Senhor Doria, trabalhará com toda eficiência o Senhor Dom Marcello Filomarino, que lhe reverencia devotamente e se curva respeitosamente à Sua Eminência Corsini, a quem reverentemente responde sentir muito, em sumo grau, por ter adiado a sua vinda aqui, em nome da qual está tomando todas as providências necessárias a fim de servir Sua Eminência em pessoa, como é devido; e eu, rogando-lhe a honra das suas ordens, me confirmo

De Vossa Senhoria Ilustríssima
   Devotíssimo e Obedientíssimo Servidor
   Giambattista Vico

[Nápoles, 1726]

47. A EDOUARD DE VITRY

Risposta al Ill(ustrissimo) R(everendo) P(adre) De Vitrì della Compagnia di Gesù

Ill(ustrissimo) R(everendo) P(adre) Sig(no)re e P(adro)ne Col(endissi)mo

Sono infinitam(en)te obbligato a V(ostra) R(everen)za della buona opinione che Ella ha dell'Opera da me inviatale, ultimam(en)te data alla luce
D'intorno a ciò che ella mi comanda di notizie letterarie di quì, e di Sicilia coi miei giudizj per ragguagliarne li Vostri R(everendi) P(adri) di Trevaux: de' Letterati di quell'Isola quì non si ha affatto contezz' alcuna: di questa Città io posso darle questa novella, che da savj uomini qui si vive persuaso, che se la Provvidenza Divina per una dell'infinite sue occulte, e ad ogni umano scorgimento nascoste vie non l'invigorisca e rinfranca, sia già verso il suo fine la Rep(ubblica) delle lettere: perche in vero è da far orrore a chiunque vi rifletta che di questa famosa guerra fatta per la successione di Spagna, di cui dopo la seconda Cartaginese, nonche quella di Cesare con Pompeo e di Alessandro con Dario, non s'è fatta maggiore nel Mondo; se non pur questa della stessa Cartagine è maggiore, non si è ritrovato alcun sovrano, a cui cadesse in mente di farla conservare all'eternità da penna eccellente latina, onde si sperasse durare la lunghezza de' tempi colla lingua della Religione, e delle Leggi Romane comune a tutta l'Europa: lo che dà pur troppo evidentem(en)te ad intendere che oggi i Principi nemmeno dal loro interesse della loro Gloria si muovono più a conservare non che a promuovere le Lettere. Ne viene anche ciò confermato col fatto funesto a tutta la Rep(ubblica) Letteraria, che nella Grecia di questo nostro Mondo presente (dico la nostra Francia) la celebre Libraria del Cardinal dal Reàn non ha ritrovato compratore che intera la conservasse; ed ha dovuto vendersi, per essere lacciata a Mercadanti Olandesi, e quindi se ne fossero sparsi gl'Indici per le Nazioni. Dipoi per tutte le spezie delle Scienze gl'Ingegni d'Europa sono già esausti: e gli studi severi delle due lingue Greca, e Latina si consumarono così dagli scrittori del Cinque, come da' Critici del seicento.

Epistolário – Cartas escolhidas

A EDOUARD DE VITRY

Resposta ao Ilustríssimo Reverendo Padre De Vitry da Companhia de Jesus

Ilustríssimo Reverendo Padre, Senhor e Patrono Colendíssimo

Sou infinitamente agradecido a Vossa Reverência pela boa opinião que o Senhor tem da Obra por mim enviada, que veio à luz recentemente.
Acerca das notícias literárias daqui e da Sicília que o senhor me solicita conforme o meu juízo, para informar os Vossos Reverendos Padres de Trévoux, sobre os Literatos daquela Ilha aqui não se tem de fato nenhum conhecimento; mas, desta Cidade, posso dar-lhe esta notícia: que por sábios homens aqui se vive persuadido de que, se a Providência Divina, por uma de suas infinitas vias, ocultas e escondidas de todo discernimento humano, não a revigorar e encorajar, a República das letras estará já perto do seu fim; porque, na verdade, é de causar horror a qualquer um que reflita que dessa famosa guerra feita pela sucessão da Espanha, que depois da segunda Cartaginesa, bem como daquela de César com Pompeu e de Alexandre com Dario, não se fez outra maior no Mundo (se é que não é maior do que a própria Cartaginesa), não se encontrou nenhum soberano que tivesse em mente conservá-la pela eternidade com a excelente pena latina, com o que se poderia esperar que durasse ao longo dos tempos através da língua da Religião e das Leis Romanas, comuns a toda Europa; o que dá a entender muito evidentemente que hoje os Príncipes não se movem mais, nem sequer por interesse da sua própria Glória, para conservar e promover as Letras. Isso é também confirmado pelo fato, funesto a toda a República Literária, de que na Grécia deste nosso Mundo presente (digo, a nossa França) a célebre Biblioteca do Cardeal do Reàn não encontrou comprador que a conservasse inteira, e foi preciso vendê-la, deixando-a cair nas mãos de Mercadores Holandeses, e assim seus Índices foram espalhados pelas Nações. Depois, em todas as espécies de Ciências os Engenhos da Europa já estão exaustos e os estudos severos das duas línguas, Grega e Latina, foram consumados pelos escritores do XVI, assim como pelos Críticos do XVII.

Un ragionevol riposo della |132| Chiesa Cattolica sopra l'antichità, e perpetuità, che più che le altre vanta la version vulgata della Bibbia, ha fatto, che la Storia delle Lingue Orientali fosse a' Protestanti. Delle deologie la Polemica riposa: la Dogmatica è stabilita: i Filosofi hanno intorpiditi gl'ingegni col metodo di Cartesio; per lo qual solo vaghi della lor chiara e distinta percezione, in quella essi senza spesa, o fatiga ritrovano pronte ed aperte tutte le Librerie: onde le Fisiche non più si pongono al cimento, per vedere se reggono sotto l'esperienze: le Morali non più si coltivano sulla massima, che la sola comandataci dal Vangelo sia necessaria: le Politiche | molto meno approvandosi dapertutto che bastino una felice capacità per comprender gli affari, ed una destra presenza di spirito, per maneggiarli con vantaggio: Libri di Giurisprudenza Romana colta si fan vedere e piccioli, e radi dalla sola blanda: la Medicina entrata nello scetticismo si sta anche sull'Epoca dello scrivere. Certamente il fato della Sapienza Greca andò a terminare in Metafisiche, niente utili se non pur dannose alla civiltà; ed in Matematiche tutte occupate in considerar le grandezze, che non sopportano riga e compasso, le quali non hanno niun'uso per le Mecaniche, nelle quali due sorti di studj sembra, che oggi vada a spirare la più dal suo giusto punto la stimata letteratura presente. Per tutte le quali parti dello scibile noverate, si vede apertamente la necessità, che han gli uomini di Lettere di oggidì, d'ascendere al genio del secolo, vago più di raccontare in somma ciò che altri seppero, che profondarvisi per passar più oltre. Quindi essi devono lavorare o Dizzionarj, o Biblioteche, o Ristretti appunto come gli ottimi Letterati della Grecia furono gli Suidi, come gli stessi, che i Greci, gli Ofmanni, Moreri, Baili colle loro Biblioteche, gli Stobei colle loro selve, ed altri molti colle loro Egloge, che a livello rispondono a' ristretti de' nostri tempi. E in difetto anche di questi si fatti Autori, per non languire le stamperie, si sono ingegnati di allettar il gusto delicato, e nauseante del secolo ristampando Libri con un sommo lusso di rami, con le più vaghe delizie de' bulini, e con pompa sfoggiantissima di figure: talche sì fatte ristampe sembrano somigliantissime alle salse, quest'oggi introdotte, che allora si condiscono più saporose, con sulle portate devonsi bandire le carni e i pesci più trapassati. Qui in Napoli non sono stamperie di questo fondo, né artefici di questa perfezione;

Um razoável desleixo da Igreja Católica em relação à antiguidade e a perpetuidade com que ela enaltece, mais do que as outras, a versão vulgata da Bíblia fizeram com que a História das Línguas Orientais passasse aos Protestantes. Nas teologias, em que a Dogmática está estabelecida, cessa a Polêmica; os Filósofos entorpeceram os engenhos com o método de Descartes, por meio do qual, sem muito custo ou fadiga, satisfeitos somente com a sua clara e distinta percepção, eles encontram prontas e abertas todas as Bibliotecas; eis por que a Física não se põe mais à prova para ver se é regulada pelas experiências; a Moral não se cultiva mais sob a máxima de que só a que nos ordena o Evangelho é necessária; a Política muito menos, aprovando-se por toda parte que basta uma feliz capacidade de compreender os afazeres públicos e uma destra presença de espírito para manejá-los com sucesso; livros de Jurisprudência Romana culta são muito pouco e raramente vistos, da Holanda somente; a Medicina, mergulhada no ceticismo, está também sob a Épokha da escrita. É certo que o destino da Sabedoria Grega foi terminar em Metafísicas nada úteis, se não danosas à civilização, e em Matemáticas inteiramente ocupadas com a consideração de grandezas que não suportam régua e compasso, que não têm nenhum uso para as Mecânicas: duas sortes de estudos nos quais parece que hoje vai findar a superestimada literatura do presente. Por todas essas partes do conhecimento enumeradas, vê-se abertamente a necessidade que os homens de Letras de hoje em dia têm de se colocar à altura do gênio do século, mais ávido de contar resumidamente o que outros souberam do que de aprofundar-se para ir além. Desse modo, eles devem elaborar Dicionários, Bibliotecas, ou Compêndios, precisamente como os melhores Literatos da Grécia foram os Suídas e, como os Gregos, os Hofmanns, os Moréris, os Bayles com as suas Bibliotecas, os Estobeus com as suas Selvas e outros muitos com as suas Éclogas, que estão no nível dos compêndios dos nossos tempos. E também, na falta desses tais Autores, para as tipografias não definharem, engenharam seduzir o gosto delicado e nauseante do século reimprimindo Livros com ramos de um sumo luxo, com as mais belas delícias dos buris e com a pompa de figuras de exagerada ostentação; de modo que tais reimpressões parecem muito semelhantes aos novos molhos de hoje em dia, que então são temperados com mais sabor, quando nos pratos devem guarnecer carnes e peixes passados. Aqui em Nápoles não existem tipografias com tantos fundos, nem artesãos dessa perfeição;

e quantunque ci si abbondi di acuti ingegni, e di severo giudizio, che potrebbero lavora opere tutte nuove e tutte |133| proprie: sono però i nobili addormentati da' piaceri della vita allegra: que' d'inferior fortuna sono tratti dalla necessità o da' disperdersi nella folla del nostro Foro, o per menar più tranquillamente la vita, esercitarsi in occupazioni, che se nonglie ne dissipano, certamente pur troppo gliene infievoliscono la facoltà. Non devo per tanto io tralasciare di darle questa notizia Letteraria; ma pur poco lieta per gli avvanzi di esse Lettere. Questi R(everendi) P(adri) dell'Oratorio, con animo veram(en)te regale, e pieno di pietà inverso la Patria han comperata la celebre Libraria del Chiarissimo Giuseppe Valletta per quattordicimila scudi, la quale trent'anni addietro valeva ben trentamila: ma in che sono stato adoperato d'estimarla, ho dovuto tener conto de' libri, quanto essi vagliono in piazza, nella quale i Greci e i Latini, anche delle più belle, e più corrette edizioni primiere sono | scaduti più della mettà del lor prezzo, e il di lei maggior corpo sono si fatti libri Greci e Latini.

Mi perdoni V(ostra) R(everenza) se ho ecceduti i giusti termini della Lettera con alquanto di confidenza; perche ho dovuto approvarle ciò, che altra volta le feci intendere dal Sig(no)r Abate Esperti che in ciò Ella m'aveva comandato, se non disperava affatto, diffidava certamente di poterla servire. Ora, pregandola in altre cose, dov'Ella mi conosca abile, di onorarmi de' suoi comandi, umilm(en)te riverendola mi rassegno.

Napoli, 20 Gennajo 1726
    Di V(ostra) R(everenza)
        Divotis(si)mo ed Obbedi(entissi)mo Ser(vito)re
            Gio(van)Battista Vico

e, ainda que haja uma abundância de engenhos agudos e de severo juízo que poderiam elaborar obras inteiramente novas e apropriadas, estão, porém, os nobres adormecidos pelos prazeres da vida alegre e aqueles de menor sorte são levados pela necessidade a se dispersarem na aglomeração do nosso Fórum, ou, para conduzir mais tranquilamente a vida, a lidarem com ocupações que, se não lhes dissipam a faculdade, certamente a debilitam em demasia. Não devo, por isso, deixar de dar-lhe essa notícia Literária, apesar de pouco animadora para os avanços das Letras. Esses Reverendos Padres do Oratório, com ânimo verdadeiramente régio e pleno de piedade para com a Pátria, compraram a célebre Biblioteca do Ilustríssimo Giuseppe Valletta por quatorze mil escudos, a mesma que trinta anos atrás valia bem trinta mil; no que fui contratado para avaliá-la, precisei levar em conta quanto valem esses livros na praça, onde os Gregos e os Latinos, inclusive as mais belas e confiáveis primeiras edições, caíram abaixo da metade do seu preço, e o maior corpo dela é de tais livros Gregos e Latinos.

Perdoe-me Vossa Reverência se excedi os justos limites da Carta com uma porção de confidências, porque precisei dar-lhe prova disso que noutra ocasião dei a entender ao Senhor Abade Esperti: a isso que o Senhor me havia solicitado, se não me desanimava de fato, por certo desconfiava de poder-lhe servir. Enfim, clamando-lhe por honrar-me com as suas ordens em outras coisas em que o Senhor me julgue hábil, prontifico-me reverenciando-lhe humildemente.

Nápoles, 20 de janeiro de 1726
    De Vossa Reverência
        Devotíssimo e Obedientíssimo Servidor
        Giambattista Vico

55. AD ANGELO CALOGERÀ

Riv(eritissi)mo P(ad)re Sig(no)re e P(adro)ne Col(endissi)mo

 Mi debbo riconoscere molto obbligato a V(ostra) P(aternità) Riv(eritissi)ma, che innanzi mi adorna de' suo benefizj, che mi proferisca la sua padronanza. Io però debbo immaginarmi, che la mia Vita vada di seguito all'Idea del Sig(no)r Conte di Porcia; e che egli vi abbia pubblicato le mie replicate instanti preghiere porteli e a dirittura |140p|, e per mezzo del Sig(no)r Ab(at)e Esperti da Roma, e del P(ad)re Lodoli da costì, che io mi sarei recato a som(m)o onore di esser l'ultimo de' Letterati d'Italia nella sua Raccolta, non che di dar loro esemplo. Se la cosa è intiera, priegola, che, ove si fa menzione del *Nomenclatore del Giunio* in luogo di *Francesco* si legga *Adriano,* perchè da' Rivisori ecclesiastici si truova cassato nel mio, che mi diede luogo all'errore. Ringrazio la di lei compitezza degli esemplari, e basterà inviarmi un solo | per me. di miei opuscoli, che Ella mi domanda, per onorarli nella sua Raccolta, le manderò quanto prima una mia *Recitazion solenne della legge prima del Digesto Praesptis Verbis,* in segno del gradimento dell'onore, ch'Ella mi ha fatto. Per ciò mi comanda di ritruovarvi huom dotto da informarla di novelle literarie di qui, alcun' ve n' ha, ed è per altri occupato, e priegandola di onorarmi d'altri comandi, e con farle um(ilissi)ma riv(eren)za, mi dichiaro

Nap(oli), 11 8bre 1728
 Di V(ostra) P(aternità) Riv(eritissi)ma
  Divot(issi)mo et Obbligat(issi)mo Ser(vito)re
   Giambattista Vico

Epistolário – Cartas escolhidas

A ANGELO CALOGERÀ

Reverendíssimo Senhor Padre e Patrono Colendíssimo

Devo reconhecer-me muito grato à Vossa Paternidade Reverendíssima, que antes de tudo me adorna com as benesses que a sua autoridade me oferece. Eu, porém, devo imaginar que a minha Vida esteja de acordo com a Ideia do Senhor Conde de Porcia e que ele vos tenha tornado públicas as minhas repetidas e insistentes súplicas aí trazidas e, justamente por meio do Senhor Abade Esperti de Roma e do Padre Lodoli daí, que eu receberia a suma honra de ser o último dos Literatos da Itália de sua Coleção, além de dar-lhes o exemplo. Se está na íntegra, suplico-lhe que, onde se faz menção ao *Nomenclador de Júnio*, no lugar de *Francesco* leia-se *Adriano*, porque se encontra riscado no meu pelos Revisores eclesiásticos, o que me deu ocasião de errar. Agradeço-lhe a gentileza dos exemplares, e bastará enviar-me apenas um. Dos opúsculos que o Senhor me solicita para honrá-los na sua Coleção, mandar-lhe-ei o quanto antes minha *Recitação solene sobre a primeira lei do Digesto Praeceptis Verbis*, em sinal de agradecimento pela honra que o Senhor me proporcionou. Para a ordem de encontrar-vos um homem douto apto a informar-lhe das notícias literárias daqui, há alguém e já se ocupa disso para outros; e, rogando-lhe que me honre com outras ordens, fazendo-lhe humilíssima reverência, me declaro

Nápoles, 11 de outubro de 1728
    De Vossa Paternidade Reverendíssima
        Devotíssimo e Obedientíssimo Servidor
           Giambattista Vico

57. A FRANCESCO SAVERIO ESTEVAN

Sig(no)r mio, Sig(no)r, e P(ad)rone Col(endissi)mo

La vostra luminosa maniera di pensare, gentilissimo mio Sig(no)r D(on) Francesco, in verità mi sorprende, e'l saper generoso, che se generoso non è, egli non è vero sapere, m'inalza sopra di me medesimo; e con una civiltà socratica m'addottrina, e mi emenda. Voi mi fate accorto d'aver io nell' orazion Funerale d'Angiola Cimini, Marchesana della Petrella toccato quel segno, al quale credeva d'essermi soltanto sforzato d'indrizzare lo stile; e mi scovrite la Scienza di ciò, che io per un certo senzo, diritto per avventura, fatto mi aveva: in cotal guisa m'illuminate. Di poi stimate da più sì fatta orazioncina, che non sono l'altre opere del mio debol'ingegno, anco la scienza nuova; di che io aveva certamente oppenione affatto contraria. Ma se cotal componimento fosse stato egli dettato da una vera eloquenza, la ragione senza dubbio starebbe dalla parte del vostro giudizio: perchè la vera eloquenza è la sapienza, che parla; e la sapienza è l'aggregato di tutte le virtù e della mente, e del cuore; onde naturalmente escono da se stesse e le più belle, e le più grandi virtù della Lingua : Le quali tre spezie di virtù compiono il vero huomo, che tutto è mente illuminata, cuor diritto, e lingua fedel'interpetre d'amendue. Ed in vero innumerabili sono stati gli scienziati huomini autori di grandissime discoverte; ma due soli al Mondo furono i perfetti Oratori, Demostene e Cicerone; con la cui eloquenza |143p| visse, e quelli morti, morì la libertà d'Atene | la più ingentilita, e più dotta, e di Roma la più luminosa, e più grande Città del Mondo: così voi mi emendate. Desiderate quinci sapere, come cotal'orazione è stata ricevuta dal Comune de Letterati Napolitani, e se n'abbiano sparlato, come han fatto d'altre opere mie, e sopra tutte della Scienza Nuova. Io in verità non so darvene contezza alcuna, perchè non ho curato di saper ciò, che essi n'abbiano detto. So bene, che 'l comune degli huomini è tutto memoria, e fantasia ; e perciò hanno sparlato tanto della Nuova Scienza, perchè quella rovescia loro tutto ciò, che essi con errore si ricordavano, e si avevano immaginato de Principi di tutta la Divina, ed Umana erudizione;

Epistolário – Cartas escolhidas

A FRANCESCO SAVERIO ESTEVAN

Meu Senhor, Senhorio e Patrono Colendíssimo

A vossa luminosa maneira de pensar, meu gentilíssimo senhor Don Francisco, na verdade surpreende-me, e o saber generoso, que, se não é generoso, não é verdadeiro saber, eleva-me sobre mim mesmo e com uma civilidade socrática ensina-me e emenda-me. Vós me advertistes de que eu, na oração Fúnebre de Angiola Cimini, Marquesa de Petrella, toquei o alvo para o qual acreditava ter apenas me esforçado por endereçar o estilo; e descortinais-me a Ciência disso que eu tinha feito, em um certo sentido, levado pelo acaso: dessa maneira me iluminais. E, depois, apreciais tal oraçãozinha mais do que as outras obras de meu débil engenho, inclusive a ciência nova, de que eu tinha certamente opinião toda contrária. Mas, se tal composição tivesse sido ditada por uma verdadeira eloquência, a razão sem dúvida estaria do lado do vosso juízo, porque a verdadeira eloquência é a sabedoria que fala; e a sabedoria é o agregado de todas as virtudes da mente e do coração, de onde naturalmente saem por si mesmas as mais belas e as maiores virtudes da Língua: Essas três espécies de virtudes constituem o verdadeiro homem, que é todo mente iluminada, coração reto e a língua fiel intérprete de ambos. Na verdade, inumeráveis foram os homens cientistas autores das maiores descobertas, mas apenas dois no Mundo foram os perfeitos Oradores, Demóstenes e Cícero, com cuja eloquência viveu e, quando mortos, morreu a liberdade de Atenas, a mais refinada e a mais douta, e de Roma, a mais luminosa e maior Cidade do Mundo: assim vós me emendais. Desejais, então, saber como tal oração foi recebida pela Comunidade de Literatos Napolitanos e se a caluniaram, como fizeram com outras obras minhas, sobretudo com a Ciência Nova. Eu, na verdade, não sei dar-vos qualquer informação, porque não procurei saber o que esses disseram dela. Sei bem que comumente os homens são todos memória e fantasia e, por isso, caluniaram tanto a Ciência Nova, porque ela derruba tudo isso que eles erroneamente recordavam e haviam imaginado sobre os Princípios de toda a Divina e Humana erudição;

pochissimi sono mente, la qual bisogna, come di architetto (giova qui avvalermi di un grave giudizio comunicatomi dal Sig[no]r Prencipe della Scalea, fatto da esso in rileggendo la Rettorica d'Aristole) per giudicare de lavori dell'Eloquenza; la quale fa uso con dignità di tutte le parti del saper umano, e divino; e da un punto, come di prospettiva, ne dee vedere e tra esso loro, e nel tutto la convenevolezza, che fa tutto il bello dell'eloquenza, che si chiama decoro. Oltracciò io non mi son punto curato informarmene, perché viva già persuaso, che ne dovessero giudicare, come d'una operucciola fatta per passatempo. Perche la più parte de Dotti d'oggidì fervono in Studi, che soli reputan severi, e gravi, e di Metodi, e di Critiche. Ma Metodi, che disperdon affatto l'intendimento; di cui proprio è, di veder il tutto di ciascheduna cosa, e di vederlo tutto insieme, che tanto propriamente sona *intelligere,* ed'allora veramente usiam *l'intelletto,* che le nostre menti in questo Corpo mortale ci può render' | in un certo modo della Spezie, della qual son le separate, che con peso di parola si chiaman' *Intelligenze*; e per vederne il tutto debbe considerarla per tutti i rapporti, ch'ella può mai avere con altre cose nell'Universo; e tra quella, che vuole perfettamente intendere, e cose affatto disparate, e lontanissime rinovarvi all'istante alcuna comunità di ragione; Nello che consiste tutta la virtù dell'Ingegno, che è l'unico padre di tutte le invenzioni: la qual sorta di percipire ecci assicurata dall'Arte Topica, che da presenti Loici, com'inutile, oggi si disapprova; la qual sola ne può soccorrere negli affanni ferventi, che non danno tempo al conseglio; e' la sola sapienza, stando sopra un |144| piede, li può risolvere. e come il percipire è prima del giudicare, cosi essa percezione puonne apparecchiare al giudizio una Critica, quanto più accertata, tanto più utile alla Scienza per le Sperienze in Natura, e per gli nuovi ritrovati dell'Arti; Utile alla Prudenza per ben fermare le congetture delle cose o fatte per giustamente giudicarle, o' da farsi per utilmente condurle; Utile all'eloquenza per la pienezza delle pruove, e per lo piacere dell'acutezze. E finche tutti i Dotti ebbero gl'intelletti scemi di cotesta quarta operazione, che dicon Metodo han fruttato il tutto, che abbiamo, e di maraviglioso, e di grande in questa nostra coltissima Umanità; Ma doppoichè si è in ciò da cotali Filosofi supplita la mente umana, ella è sterilita, e sfruttata, nè ha ritrovato alcuna cosa più di rimarco.

pouquíssimos são mente, que é necessária, tal como é um arquiteto (ajuda aqui valer-me de um profundo juízo comunicado a mim pelo Senhor Príncipe de Scalea, feito por ele ao reler a Retórica de Aristóteles), para julgar os trabalhos da Eloquência, que faz uso digno de todas as partes do saber humano e divino; e, a partir de um ponto, como em perspectiva, deve ver a conveniência das partes entre si e no todo, que proporciona toda a beleza da eloquência, chamada decoro. Além disso, eu não procurei absolutamente informar-me disso, porque vivo já persuadido de que deveria julgá-la como uma operetazinha de passatempo. Porque a maior parte dos Doutos de hoje em dia se dedica fervorosamente aos Estudos dos Métodos e das Críticas, os únicos que reputam severos e graves. Mas Métodos que dispersam de fato o entendimento, cuja propriedade é ver o todo de cada coisa e vê-lo no conjunto, que tão propriamente quer dizer *inteligir*, quando então verdadeiramente usamos o *intelecto*, de maneira que as nossas mentes nesse Corpo mortal podem nos tornar de certo modo da mesma Espécie das entidades separadas, que se chamam, com o peso da palavra, *Inteligências*; e, para ver o todo, deve considerá-la por todas as relações que ela pode ter com outras coisas do Universo e, entre isso que quer perfeitamente entender e as coisas mais díspares e distantes, refazer instantaneamente alguma comunidade de razão, no que consiste toda a virtude do Engenho, único pai de todas as invenções; maneira essa de perceber assegurada pela Arte Tópica, que pelos presentes Lógicos é hoje desaprovada como inútil: a única que pode nos socorrer nos casos urgentes que não dão tempo ao conselho, e só a sabedoria, com um pé em cima, pode resolvê-los. Como o perceber é anterior ao julgar, assim essa percepção pode aparelhar o juízo com uma Crítica, tanto mais acertada quanto mais útil à Ciência para as Experiências na Natureza e para os novos achados das Artes; Útil à Prudência para bem firmar as conjecturas, tanto acerca das coisas feitas, a fim de julgá-las justamente, quanto acerca daquelas a se fazer, a fim de conduzi-las utilmente; Útil à eloquência para a plenitude das provas e para o prazer das agudezas. E até que todos os doutos tivessem seus intelectos abestalhados por essa quarta operação que chamam Método, frutificou tudo que temos de maravilhoso e de grande nessa nossa cultíssima Humanidade; mas, depois que a mente humana foi suprida disso por tais Filósofos, ela se esterilizou, perdeu os frutos e não descobriu mais nada de notável.

Delle Critiche altra è Metafisica, che va finalmente a terminare, donde incomincian' ad insegnarsi; cioè nello Scetticismo, che nelle menti giovanili, quando più tempestano di violentissime passioni, ed'hanno l'animo, come di mollissima cera, per ricever'altamente le impressioni de vizj, stordisce | Il senzo comune, del qual avevan'incominciato ad imbeversi, con l'educazion iconomica, e doveva loro fermarsi dalla Sapienza Riposta, del quale non hà la sapienza volgare regola più certa per la prudenza civile; la qual'allora ci apriste, quando operiamo conforme operano tutti gli huomini di senzo diritto. Ma lo Scetticismo mettendo in dubbio la verità, la qual unisce gli huomini, li dispone ad ogni motivo di propio piacere, o di propia utilità, che sieguano il senzo proprio: e sì dalle communanze Civili li richiama allo Stato della solitudine, nonchè dagli animali mansueti, c'hanno pur talento d'unitamente vivere ne greggi, e negli armenti, ma di fieri, ed' immani, che vivono tutti divisi, e soli nelle lor tane, e covili: e la Sapienza Riposta degli Addottrinati, che doverebbe reggere la volgare de Popoli, le dà le più forti spinte a precipitarsi, ed' a perdersi. L'altra critica è l'erudita, che di nulla serve a far sappienti coloro, che la coltivano. Ma quell'Analisi veramente divina de pensieri umani, la quale, sceverando tutti quelli, che non hanno natural seguito tra di loro, per angusto sentiero scorgendoci di uno in uno, ci guida sottilmente fil filo entro i ciechi Labirinti del cuor dell'huomo, che ne può dare, non gia gl'indovinelli degl'Algebristi, |145| ma la certezza, quanto è lecito umanamente, del cuor dell'huomo; senza la quale nè la Politica può maneggiarlo, nè l'eloquenza può trionfarne; e quella Critica, la quale da ciò, che in ogni circostanza è posto l'huomo, giudica, che cosa egli in conformità di quella debba operare, che è una critica sappientissima dell'arbitrio umano, il qual' è per sua natura incertissimo e perciò sommamente necessaria agli huomini di Stato, entrambe oltre a quello delle morali filosofie, delle quali unicamente s'intesero i Greci, per lo infinito | studio de Poeti, degli Storici, degli Oratori, e delle lingue greca, e latina, ch'abbisognan per ben'intenderli, si sono affatto abbandonate: e si son'abbandonate principalmente per l'autorità di Renato delle Carte nel suo Metodo, ed in grazia del suo Metodo, perocchè voglia per tutti il suo Metodo.

Das Críticas, uma é Metafísica, que acaba finalmente terminando onde começam a ensiná-la, isto é, no Ceticismo, que, nas mentes juvenis, quando mais irrompem em violentíssimas paixões e têm o ânimo como uma cera molíssima apto a receber abundantemente as impressões dos vícios, atordoa o senso comum, do qual haviam começado a embeber-se com a educação econômica e que devia firmar-se pela Sabedoria Refinada, não tendo a sabedoria vulgar regra mais certa para a prudência civil, que então nos assiste quando operamos conforme operam todos os homens de bom senso. Mas o Ceticismo, pondo em dúvida a verdade, que une os homens, dispõe-los a todo pretexto para a busca do próprio prazer ou da própria utilidade, que seguem o próprio sentimento; e, assim, das comunhões Civis chama-os de volta ao Estado de solidão, não de animais mansos, que têm inclinação de viver reunidos em grupos e em rebanhos, mas de ferozes e cruéis, que vivem todos divididos e sós nos seus antros e covis; e a Sabedoria Refinada dos Doutrinados, que deveria reger a vulgar dos Povos, dá-lhes os mais fortes impulsos a precipitarem-se e a perderem-se. A outra crítica é a erudita, que de nada serve a tornar sábios aqueles que a cultivam. Mas aquela Análise verdadeiramente divina dos pensamentos humanos, que, distinguindo todos os que não têm natural relação entre si e discernindo por estreito caminho um a um, nos guia sutilmente como por um fio dentro dos cegos Labirintos do coração do homem e pode proporcionar, não as adivinhações dos Algebristas, mas a certeza humanamente possível do coração do homem, sem a qual nem a Política pode manejá-lo, nem a eloquência pode triunfar sobre ele; e aquela Crítica, que a partir de todas as circunstâncias em que é posto o homem julga o que ele deve fazer em conformidade com elas, crítica sapientíssima do arbítrio humano, por sua natureza incertíssima, e por isso sumamente necessária aos homens do Estado; ambas, juntamente com aquele estudo das filosofias morais, que só os Gregos entenderam, foram absolutamente abandonadas pelo infindável estudo dos Poetas, dos Historiadores, dos Oradores e das línguas grega e latina, necessárias para bem entendê-los: e foram abandonadas principalmente por causa da autoridade de René Descartes com seu Método, e graças ao seu Método, pois quer para tudo o seu Método.

Ond'egli si ha fatto un gran seguito per quella debolezza della nostra natura umana, che'n brevissimo tempo, e con pochissima fatigha vorrebbe saper di tutto: che è la cagione, perchè oggi non si lavoran'altri libri, che di Nuovi Metodi, e di Compendj; perché la dilicatezza de sensi, che è fastidiosissima in questo secolo, essendosi traggittata alle Menti, i nuovi libri non per altro si commendano, che per la facilità; la quale così fiacca, ed avvalena gl'ingegni, siccome la difficoltà gl'invigorisce, ed anima. Però publica Testimonianza è, che metodi così fatti trasportati dalle matematiche all'altre scienze, di nulla abbiano giovato gl'ingegni a dilettarsi dell'ordine, che da essi si è fatto passaggio (chi'l crederebbe) a scriversi Dizionarj di Scienze, e ciò, che recar debbe più maraviglia, delle stesse Matematiche; da quali non vi hà maniera più fatta a caso, nè più scioperata d'apprendere. Così egli è adivenuto, che si condanna lo studio della Lingua greca, e Latina; onde sono dappertutto inutili i prezzi degli Scrittori in entrambe le Lingue propie, e si sono sformatamente alterati quelli de Traduttori: e pure sì fatto studio ci può unicamente informare della maniera di pensare saggia, e grande de Romani, ed esatta, e dilicata de Greci: delle quali e l'una, e l'altra bisognarebbe agli huomini d'alto affare, che debbono trattare | di cose grandi co' Grandi, e con altezza d'animo mostrar loro di sottilissimo filo la verità con aspetto di compiacenza: perchè le lingue sono, per dir'così, il veicolo, onde si stransfonde in chi li appara, lo spirito delle Nazioni: si condanna lo studio, che assolutamente |146p| bisogna per l'intelligenza del Diritto Romano Latino, che molto riceve di Lume dall'orientale de Greci, col quale si giudicano le cause in tutti i Tribunali d'Europa: si condanna lo studio della Lingua della nostra Religione, con cui parlò la Chiesa Greca, e parla tuttavia la Latina; e precisamente è necessario per le controversie, che debbono nascere con le Novità, che posson surgere nella Chiesa. Si condanna la lezione degli Oratori, i quali soli ci possono insegnare il tuono, con cui la Sapienza favella: Si condanna quello degli Storici, i quali soli si possono sperare veraci consiglieri de Principi senza timore, e senza adulazione: Si condanna finalm(en)te quello de Poeti, col falzo pretesto, che dican favole; nulla riflettendosi, che le ottime favole sono verità, che piu s'appressano al vero Ideale, o sia vero eterno di Dio, ond'e incomparabilmente più certo della verità degli Storici, la quale somministrano sovente loro il capriccio, la necessità, la fortuna:

Motivo pelo qual ele atraiu um grande séquito, por conta daquela fraqueza da nossa natureza humana, que em brevíssimo tempo e com pouquíssima fadiga quer saber de tudo: que é a causa por que hoje não se trabalham outros livros senão sobre Novos Métodos e Compêndios, porque, tendo passado às Mentes a delicadeza dos sentidos, que é deveras irritante neste século, os novos livros não se recomendam senão pela facilidade, que enfraquece e envenena os engenhos, assim como a dificuldade os envigora e anima. Entretanto, é de público Testemunho que métodos assim feitos, transportados das matemáticas às outras ciências, de nada ajudaram os engenhos a deleitarem-se com a ordem, tanto que deles se passou (quem acreditaria?) a se escrever Dicionários de Ciências e, o que deve causar mais maravilha, das próprias Matemáticas, não havendo maneira mais casual, nem mais ociosa de aprender. Assim, passou-se a condenar o estudo da Língua grega e Latina; motivo pelo qual são por toda parte desvalorizados os Escritores de ambas as Línguas e exageradamente alterado o valor dos Tradutores; contudo, somente tal estudo pode informar-nos sobre a sábia e grandiosa maneira de pensar dos Romanos e sobre a exata e delicada dos Gregos, uma e outra, necessárias aos homens de alto escalão, que devem tratar de coisas grandes com os Grandes e, com ânimo elevado, mostrar-lhes a verdade com um sutilíssimo fio e aparência aprazível: porque as línguas são, por assim dizer, o veículo pelo qual se infunde em quem as aprende o espírito das Nações; condena-se, então, o estudo que é absolutamente necessário para o entendimento do Direito Romano Latino, que muita Luz recebe daquele oriental dos Gregos, com o qual se julgam as causas em todos os Tribunais da Europa; condena-se o estudo da Língua da nossa Religião, com a qual falou a Igreja Grega e fala ainda a Latina, e é necessário precisamente para as controvérsias que devem nascer com as Novidades que podem surgir na Igreja. Condena-se, ainda, a lição dos Oradores, os únicos que podem ensinar-nos o trovão com que se expressa a Sabedoria; condena-se o estudo dos Historiadores, os únicos que podemos contar como conselheiros verazes dos Príncipes, sem temor e sem adulação; condena-se finalmente aquele dos Poetas, com o falso pretexto de que contam fábulas, sem refletir que as ótimas fábulas são verdades que mais se aproximam da verdade Ideal, ou seja, da verdade eterna de Deus, incomparavelmente mais certa do que a verdade dos Historiadores, que lhes é proporcionada frequentemente pelo capricho, pela necessidade, pela fortuna:

Ma il Capitano, che finge per cagion d'esemplo Torquato Tasso nel suo *Goffredo*, è, qual dee esser' il Capitano di tutti i tempi, di tutte le Nazioni; e tali sono tutti i Personaggi Poetici per tutte le | differenze, che ne possono mai dare sesso, età, temperamento, costume, nazione, republica, grado, condizione, fortuna; che altro non sono, che propietà eterne degli animi umani ragionate da politici, iconomici, e morali Filosofi, e da Poeti portate in ritratti. Allo incontro, come se i giovani dalle Accademie dovesser uscire nel Mondo degli huomini, il quale fossesi composto di Linee, di Numeri, e di Spezie algebraiche, empiono lor'il capo de' magnifici vocaboli di dimostrazioni, di evidenze, di verità dimostrate, e condannano il verisimile, che è il vero per lo più , che ne dà quella regola di giudicare, che è un gran motivo di vero ciò, che sembra vero a tutti, o alla maggior parte degli huomini; di che non hanno più sicura i Politici in prender'i loro consigli, ne i Capitani in guidare le lor'imprese, nè gli Oratori in condurre le loro cause, nè i Giudici in giudicarle, nè i Medici in curare i malori de Corpi, nè i morali Teologi in curar quelli delle coscienze; e finalmente la regola, sopra la quale tutto il Mondo si acquieta, e riposa, in tutte le liti, e controversie, in tutti i consegli, e provedimenti, in tutte l'elezioni, che tutte si determinano con tutti, o con la maggior parte de voti. E la ragione di tutto ciò, che hò scritto, è, che dappertutto |147| celebrandosi il criterio della verità del medesimo Renato, che è la chiara, e destinta percezione, il quale non diffinito è più incerto di quel di Epicuro, che il senso evidente di ciascheduno, | il qual'ogni passione ci fà parer evidente, conduce di leggieri allo Scetticismo; il quale, sconoscendo la verità nate dentro di noi medesimi, poco, anzi niun conto tiene di quelle, che si deono raccogliere dal di fuori, che bisognano ritrovarsi con la Topica, per fermare il verisimile, il senso comune, e l'autorità del Gener' Umano; e perciò si disappruovano gli Studj, che a ciò bisognano, che sono quelli degl' Oratori, degli Storici, e de Poeti, e delle Lingue, nelle quali essi parlarono. Con questo spirito la maggior parte de Dotti a compiacenza danno i giudizj dell'opere di lettere, facendone regola la loro capacità, e la loro capacità giustificando a medesimi la propia lor passione.

mas o Capitão que Torquato Tasso finge a título de exemplo com o seu Godofredo é tal como deve ser o Capitão de todos os tempos, de todas as Nações; e tais são todos os Personagens Poéticos com todas as diferenças que podem fornecer o sexo, a idade, o temperamento, o costume, a nação, o regime, o grau hierárquico, a condição social, a fortuna, que outra coisa não são senão propriedades eternas dos ânimos humanos, pensadas pelos Filósofos políticos, econômicos e morais, e pelos Poetas transformadas em retratos. Em contrapartida, crendo que os jovens devessem sair das Academias para entrar no Mundo dos homens, como se esse fosse composto de Linhas, de Números e de Espécies algébricas, enchem-lhes a cabeça com magníficos vocábulos de demonstrações, de evidências, de verdades demonstradas, e condenam o verossímil, que é verdadeiro no mais das vezes e fornece aquela regra de julgar, segundo a qual é um grande motivo de verdade o que parece verdadeiro a todos ou a maior parte dos homens; e não há nada mais seguro para os Políticos tomarem suas decisões, nem para os Capitães guiarem as suas empresas, nem para os Oradores conduzirem as suas causas, nem para os Juízes julgá-las, nem para os Médicos curarem os males dos corpos, nem para os Teólogos morais curarem aqueles das consciências; enfim, é a regra com a qual todo o Mundo se aquieta e encontra repouso em todos os litígios e controvérsias, em todas as decisões e providências, em todas as eleições, decididas por todos ou pela maior parte dos votos. E a razão de tudo isso que escrevi é que o senso evidente de cada um, que toda paixão nos faz parecer evidente, conduz rapidamente ao Ceticismo, ao se celebrar por toda parte o critério de verdade da clara e distinta percepção do mesmo Renê, o qual, não definido, é mais incerto do que aquele de Epicuro e, desconhecendo as verdades nascidas dentro de nós mesmos, pouco ou, antes, nenhuma atenção presta àquelas que devem ser recolhidas de fora e que precisam ser encontradas com a Tópica para firmar o verossímil, o senso comum e a autoridade do Gênero Humano; e, por isso, desaprovam-se os Estudos necessários para tanto, que são aqueles dos Oradores, dos Historiadores, dos Poetas e das Línguas nas quais eles falaram. Com esse espírito, a maior parte dos Doutos de bom grado julga as obras literárias, estabelecendo como regra a sua capacidade, e a sua capacidade justificando a eles mesmos a sua própria paixão.

Cosi in questi stessi tempi, che da essi si coltivano metafisiche, metodi, e critiche, un' opera meditata con una metafisica innalzata a contemplare la mente del Gener' Umano, e quindi IdDio per l'attributo della Provvedenza, per lo qual' attributo IdDio è contemplato da tutto il Gener' Umano; esaminata con una Critica, che si fà sopra essi Autori delle Nazioni, la qual' unicamente ci può accertare di ciò, che ne dissero gli Scrittori, i quali dopo la scorsa almeno d' un diece secoli vi cominciarono a provenire; e condotta con un metodo addentrato nella generazione' de costumi umani, che ad ogni tratto ne dà importantissime discoverte, essi, perche vi si tratta di materie, i cui studj si condannano dal Metodo di Renato, contro ogni regola di buon' Arte critica, senza farne verun' esame, senza applicarvi punto | d'attenzione, con un giudizio superbo, che è quel, che non rende ragione del perchè così giudica, la condannano dicendo, che non s'intenda: e con costanza veramente di Filosofi, coloro, i quali chiamano questo Secolo beato, perocchè si goda la libertà di sconoscer' i Socrati, ed i Platoni per lo amore della ragione, e del vero; fanno plausibile il lor giudizio appresso il vulgo ignorante, che, perocchè le volgari tradizioni degli Antichi sono state ricevute, come articoli di Fede da tutti i Dotti di tutti i tempi, si debba sopra di esse alla cieca serbare tutta la venerazione all' Antichità. Quindi potete intendere, Sig(no)r D(on) Francesco, se io debba estimare cotesta vostra solitudine per una grande celebrità; e se la Nuova scienza abbia degno |148| luogo nel vostro nulla, che voi dite per una modestia, nata da una somma grandezza di animo, che avendo sgombro la vostra gran mente di tutto ciò, che vi ricordavate, e vi avevate immaginato de Principj dell' Umanità, vi avete lasciato tutto solo il vostro alto intendimento a spaziare nella sua vasta comprenzione, per ricevervi la Scienza Nuova: ond' ella entra nel numero di que' Dottissimi, che sempre furono pochi, che sostengon' in questo paese ed all' opera il credito, ed all' Autor' oppresso dalla Fortuna difendono e la patria, e la Vita, e la libertà: e vi bacio caramente le mani

Napoli, a dì 12 Gennajo 1729
    D(i) V(ostra) S(ignoria)
        Devot(issi)mo et Obligat(issi)mo Ser(vito)re
           Giambattista Vico

Assim, nestes tempos em que se cultivam metafísicas, métodos e críticas, uma obra meditada com uma metafísica erguida para contemplar a mente do Gênero Humano e, portanto, Deus pelo atributo da Providência, atributo pelo qual Deus é contemplado por todo o Gênero Humano; examinada com uma Crítica sobre os Autores das Nações, única que pode certificar-nos disso que disseram os Escritores, que depois de passados ao menos dez séculos começaram a surgir; e conduzida com um método que entra na geração dos costumes humanos, que a cada passo fornece disso importantíssimas descobertas, eles, porque se trata de matérias cujos estudos são condenados pelo Método de Renê, contra todas as regras da boa Arte crítica, sem fazer-lhe um verdadeiro exame, sem dar-lhe nenhuma atenção, com um juízo soberbo que não explica por que assim julga, condenam-na dizendo que não se entende; e, com verdadeira constância de Filósofos, aqueles que dizem que este Século é venturoso, porquanto goza da liberdade de desconhecer os Sócrates e os Platões por amor à razão e à verdade, tornam plausível ao vulgo ignorante o seu juízo, segundo o qual, posto que as tradições vulgares dos Antigos foram recebidas como artigos de Fé por todos os Doutos de todos os tempos, sobre elas se deve conservar cegamente a veneração da Antiguidade. Podeis, então, entender, Senhor Don Francisco, se eu devo estimar essa vossa solidão como uma grande celebridade e se a Nova ciência tem lugar digno no vosso nada, que dizeis por modéstia nascida de uma suma grandeza de ânimo, pois, tendo livrado a vossa grande mente de tudo isso que recordáveis e havíeis imaginado dos Princípios da Humanidade, deixastes totalmente só o vosso elevado entendimento para se espaçar na sua vasta compreensão e receber a Ciência Nova; de modo que o Senhor entra no número dos Doutíssimos, sempre poucos, que neste país sustentam o crédito da obra e, do Autor oprimido pela Fortuna, defendem a pátria, a Vida e a liberdade; e com ternura beijo-vos as mãos

Nápoles, 12 de janeiro de 1729
    De Vossa Senhoria
        Devotíssimo e Obedientíssimo Servidor
            Giambattista Vico

62. A TOMMASO RUSSO

 Ho letto con sommo mio piacere, perchè con altrettanto profitto, la v(ost)ra maravigliosa disputazione dell'Animo umano; nella quale vigorosamente sciogliete gli argomenti di Tito Lucrezio Caro contro alla di lui Immortalità. Dappertutto vi ho am(m)irato la bella luce, il vivido splendore, e la grande feracità della v(ost)ra sublimissima divina Mente, e per dirla in un motto, vi ho scorto il vero Metafisico, che quanto dite, quanto sponete, quanto ragionate, tutto il traete fuori dalla v(ost)ra altissima Idea; e senza dirlo con parole, dimostrate di fatto le debolezze di Renato delle Carte, ch'n sei brievi Meditazioni metafisiche, per ispiegarsi v'adopera cento simiglianze, e comparazioni, prese da cose al di fuori di essa mente; quando è proprietà della mente da se prendere le comparazioni, e le simiglianze, quando non può altrimenti spiegare le cose, delle quali non sa la propia natura: convincete a *tutta pruova* la corpulenza del P(ad)re Malebrance, che apertamente professa, non potere spiegarsi le cose della Mente, che per rapporti, che si prendon da' corpi. Perché voi con una maniera veramente divina, e'n conseguenza propia di questa Scienza, al lume delle cose dello spirito rischiarate quelle del corpo, e dallo splendor dell'Idea illustrate l'oscurezza della materia. Che debbo io dire della v(ost)ra generosità, con cui combattete Epicuro, di cui non solo non dissimulate | ò almeno infievolite gli argomenti, ma gl'invigorite, et esaltate con nuove v(ost)re Interpretazioni, che gli Epicurei tutti non seppero intendere, e con animo pugnace così gli andate ad incontrare, perche indi si scorga il vigore, col quale l'incontrate, il combattete, il mandate a terra? Che poi di quel torrente d'eloquenza divina, con cui vi avete fatto una spezie di favellare tutta v(ost)ra propia, perchè propia di cotal Scienza? della grandezza e sublimità de' trasporti che usate tutti opposti, quali debbon' essere, a quelli dell'Eloquenza Umana; perchè questa debbe fare dello spirito corpo; e voi in un certo modo fate del Corpo Spirito? Voi siete degno, Sig(nor)e P(adre) Tommaso, non già di Montefuscoli, ma della più famosa Università dell'Europa.

A TOMMASO RUSSO

Li com sumo prazer, porque com igual proveito, a vossa maravilhosa disputação sobre o Ânimo humano, na qual desatastes vigorosamente os argumentos de Tito Lucrécio Caro contra a sua Imortalidade. Em toda a obra admirei a bela luz, o vívido esplendor e a grande fertilidade da vossa sublimíssima divina Mente, e, para dizê-lo em uma palavra, nela vislumbrei o verdadeiro Metafísico; porque o quanto dizeis, o quanto expondes, o quanto raciocinais, tudo extraís da vossa altíssima Ideia e, sem dizê-lo com palavras, demonstrais de fato as deficiências de René Descartes, que nas seis breves *Meditações metafísicas*, para se explicar, sutiliza-se de centenas de semelhanças e comparações tomadas de coisas de fora da mente, quando é propriedade da mente tomar de si as comparações e semelhanças, quando não pode de outra forma explicar as coisas das quais não sabe a própria natureza; convenceis a toda prova da corpulência do Padre Malebranche, que abertamente professa não poder explicar as coisas da Mente senão por relações que se tomam dos corpos. Pois vós, com uma maneira verdadeiramente divina e, em consequência, própria dessa Ciência, à luz das coisas do espírito clareais aquelas do corpo e pelo esplendor da Ideia iluminais a obscuridade da matéria. O que devo eu dizer da vossa generosidade com que combateis Epicuro, cujos argumentos não dissimulais, nem tampouco enfraqueceis, mas os revigorais e exaltais com vossas novas Interpretações, que todos os Epicuristas não souberam entender, e com ânimo pugnaz ides assim ao seu encontro, para que se veja então o vigor com o qual o confrontais, o combateis, o mandais ao chão? E daquela torrente de eloquência divina, com a qual fizestes uma espécie de linguajar próprio todo vosso, por que próprio de tal Ciência? E da grandeza e sublimidade dos transportes que usais, todos os opostos, como devem ser aqueles da Eloquência Humana, porque essa deve fazer do espírito corpo, e vós de um certo modo fazeis do Corpo Espírito? Vós sois digno, Senhor Padre Tommaso, não apenas de Montefusco, mas da mais famosa Universidade da Europa.

Ma laonde, poichè la v(ost)ra modestia eguale alla v(ost)ra gran dottrina, e virtù, |156| vi fa contento di Montefuscolo, almeno giovate il Mondo di cotesta sappientissima Scrittura; la quale l'assicuro, che recherà gloria, nonchè a Napoli, all'Italia tutta con merito grandissimo della Pietà, che si rifonda in utilità di tutte le Repubbliche, e particolarmente Christiane.

Vola, 7 11bre 1729

Mas, já que a vossa modéstia, idêntica à vossa grande doutrina e virtude, vos deixa contente com Montefusco, ao menos o Mundo ajudais com esse sapientíssimo Escrito, o qual, asseguro-lhe, trará glória, não só a Nápoles, mas à Itália toda, com o grandíssimo mérito da Piedade, que se converte em utilidade para todas as Repúblicas, particularmente as Cristãs.

Vola, 7 de novembro de 1729

63. A BERNARDO MARIA GIACCO

    Come per lo eterno obbligo di giustizia, che io tengo con V(ostra) P(aternità) Reverendissima, le mando questo libricciuolo; così per l'onore, ch'Ella generosamente mi compartisce della sua confidenza, le scrivo ciò, che non ho potuto confidare alle stampe. Il volume degli Atti di Lipsia dell'anno 1727, ov'è stampata una novella letteraria della nostra Scienza nuova, era venuto quà in Napoli fin dal principio del caduto |p anno 1728, e si teneva sotto chiave dall'Autore, che l'aveva quinci scritta, a' Signori Eruditi Lipsiesi, ed accortamente dissimulavasi da altri pochi, che n'erano consapevoli con esso Autore; nè è mancato uno di essi, il quale pratica spesso in mia Casa la sera di costituirmene reo della scienza, che di tempo in tempo me ne dava contezza, ma sempre incerta, varia, indistinta, e confusa, per la quale non mai me ne venne talento d'informarmi del vero. Quando finalmente nel passato mese di Agosto tal Volume comparve qui pubblicamente in piazza de' Librai, insieme con tutto il corpo, venuto a questo Mercadante di libri Niccolò Rispolo; onde da molti curiosi cotal novella fu letta; la qual essendo stata per mia buona sorte riferita al P(adre) D(on) Roberto Sostegni, egli con quella solita sua gran circospezione mi accertò, che i Signori Giornalisti di Lipsia parlavano di quell'opera, ma che all'orecchio non glie n'era giunta altra accusa, che gloriosa per me, che l'avessi io lavorata conforme al genio della Chiesa Romana. Quindi invogliatomi di rincontrarla, perché l'osservai contenere tredici proposizioni dentro altrettanti versi, delle quali una vera mi reca una somma | gloria, l'altre dodici son tutte false, e che non mi toccano punto, io avrei certamente risparmiato di rispondervi; ma perché si aveva a divolgare |157p| l'Autore, come se n'avanzò tuttavia il rumore qui in Napoli, acciocché non si potesse nemmeno per ombra sospettare, che l'andassi io diffamando, e che volessi vederlo punito di quelle gravissime pene e spirituali, e temporali, che glie n'aspetterebbono, io presi a scrivervi queste Note, con tal condotta, che vi fo necessaria comparsa di non saperlo chi sia, per tre fini tutti da conseguirli, io da' medesimi Giornalisti, appo i quali esso non si può a verun patto nascondere:

Epistolário – Cartas escolhidas

A BERNARDO MARIA GIACCO

Assim como lhe mando este livrinho pelo eterno dever de justiça que tenho para com Vossa Paternidade Reverendíssima, também pela honra de compartilhar da sua confidência, que o Senhor generosamente me concede, escrevo-lhe isso que não pude confiar à estampa. O volume das Atas de Leipzig do ano de 1727, onde foi publicada uma notícia literária sobre a nossa Ciência nova, tinha chegado cá em Nápoles no princípio do ano passado, 1728, e era mantido a sete chaves pelo Autor, que o havia então escrito aos Senhores Eruditos de Leipzig, e também astutamente dissimulado por outros poucos cientes disso, em cumplicidade com o Autor; um deles, inclusive, que frequentemente em minha Casa à noite se esforça por configurar-me como réu da ciência, de tempos em tempos dava-me uma noção a respeito, mas sempre incerta, misturada, indistinta e confusa, motivo pelo qual nunca tive o desejo de informar-me sobre a verdade. Quando finalmente no mês de Agosto passado tal Volume apareceu aqui ao público na praça dos Livreiros, de corpo inteiro, naquele Mercador de livros Niccolò Rispolo, onde por muitos curiosos a tal notícia foi lida, tendo sido, para minha sorte, reportada ao Padre Don Roberto Sostegni, ele, com aquela sua habitual grande circunspecção, certificou-me de que os Senhores Jornalistas de Leipzig falavam daquela obra, mas que aos ouvidos não lhe havia chegado senão a acusação, para mim gloriosa, de que a teria eu trabalhado conforme o gênio da Igreja Romana. Depois de ter muita vontade de vê-la novamente, porque observei que continha, em meio a tantos outros versos, treze proposições, uma verdadeira, que me traz suma glória, e as outras doze todas falsas, que não me dizem respeito, eu de certo teria me poupado de responder; porém, porque o Autor tinha que ser divulgado, sobre o qual todavia o rumor avançou aqui em Nápoles, a fim de que não se pudesse ter a menor sombra de suspeita de que eu o estivesse difamando e quisesse vê-lo punido com aquelas gravíssimas penas espirituais e temporais que lhe caberiam, eu comecei a escrever essas Notas, de tal maneira que dou a necessária aparência de não saber quem ele seja, para alcançar três fins, eu junto aos mesmos Jornalistas, entre os quais ele não pode de modo algum se esconder:

il primo, che io ho tutto l'affare con essi, con costui nulla, il secondo, ch'essi stessi puniscano questo empio con farlo cadere dal loro concetto di esser costui loro buon'amico, e nello stesso loro concetto il cuoprano tutto d'ignominia, e d'infamia, e nel medesimo tempo per la loro propria imprudenza, e temerità ne restino essi carichi di vergogna, e di pentimento, d'aver essi ciecamente confidato la loro stima, e'l loro credito ad uno vilissimo traditore della patria, della Nazione, e della Religione sua propria, e l'ultimo e più rilevante di tutti ch' | essi non sieguano per l'avvenire a credere di questa pietosissima Città, che voglia dissimulare un cotanto scellerato cittadino, che quindi ha attentato di aprire con essi un commerzio pubblico di Eresia. Questo è quello, di che doveva io ragguagliarla, del rimanente le parlerà essa Scrittura; la quale, affidato nella di lei alta generosità avviso, che la leggerà con buon occhio, come sempre ha soluto, tutte le altre deboli opere del mio afflittissimo ingegno; e facendole umilissima riverenza mi confesso

Napoli, 4 Dicembre 1729
    Di V(ostra) P(aternità) Reverendissima

o primeiro, que o meu negócio é todo com aqueles e com este nada tenho; o segundo, que aqueles mesmos punam este ímpio, fazendo-o cair no seu conceito por não ser este um bom amigo seu, e com esse mesmo conceito cubram-no todo de ignomínia e infâmia, e, ao mesmo tempo, pela sua própria imprudência e temeridade, fiquem aqueles cheios de vergonha e de arrependimento por terem cegamente confiado a sua estima e o seu crédito a um viríssimo traidor da pátria, da Nação e da sua própria Religião; e o último e mais relevante de todos, que aqueles não sigam no futuro acreditando que essa piedosíssima Cidade queira dissimular um tão celerado cidadão, que tentou, portanto, inaugurar com eles um comércio público de Heresia. Isso é o que eu devia informar-lhe, o restante lhe falará esse Escrito, o qual, confiando na sua alta generosidade, creio que o lerá com bons olhos, como sempre costumou fazer com todas as outras débeis obras do meu aflitíssimo engenho; e fazendo--lhe humilíssima reverência, confesso-me

Nápoles, 4 de dezembro de 1729
    De Vossa Paternidade Reverendíssima

67. A FRANCESCO SPINELLI

Lettera dell'Autore.
All'Eccellentiss(imo) Signor
D(on) Francesco Spinelli,
Principe di Scalea

Io debbo infinite grazie a V(ostra) E(ccellenza), perocchè appena dopo tre giorni, che le feci per un mio Figliuolo presentar'umilmente un esemplare della Scienza Nuova, ultimamente stampata; Ella, tolto il tempo, che preziosamente spende o in sublimi meditazioni filosofiche, o in lezioni di gravissimi Scrittori, particolarmente greci, l'aveva già tutta letta (1): che per la maravigliosa acutezza del vostro ingegno, e per l'alta comprensione del vostro intendimento, tanto egli è stato averla quasi ad un fiato scorsa, quanto averla fin'al midollo penetrata, e'n tutta la sua estensione compresa. E passando sotto modesto silenzio i vantaggiosi giudizj, ch'Ella ne diede per un'altezza |160p| d'animo propia del vostro alto stato; io mi professo sommamente dalla vostra bontà favorito, perocchè Ella si degnò anco dimostrarmene i seguenti luoghi; ne' quali aveva osservato alcuni errori, che V(ostra) E(ccellenza) mi consolava, essere stati trascorsi di memoria, i quali di nulla nuocevano al proposito delle materie, che si trattano, ove son'essi avvenuti. Il primo è *a pag.* 313 *v.* 19 ove io fo Briseide propia d'Agamennone, e Criseide d'Achille, e che quegli avesse comandato restituirsi la Criseide a Crise di lei padre, Sacerdote di Apollo, che perciò faceva scempio del greco esercito con la peste, e che questi non avesse voluto ubidire: il qual fatto da Omero si narra tutto |p contrario. Ma cotal'errore da noi preso era in fatti, senza avvedercene, un'emenda di Omero nella parte importantissima del costume, che anzi Achille non avesse voluto ubidire, e che Agamennone per la salvezza dell'esercito l'avesse comandato. Ma Omero in ciò veramente serbò il decoro, che, quale l'aveva fatto saggio, tale tinse il suo Capitano anco forte; che avendo renduto Criseide, come per forza fattagli da Achille, e stimando, essergli ci andato del punto suo, per rimettersi in onore, tolse ingiustamente ad Achille la sua Briseide; col qual fatto andò a rovinare un'altra gran parte di Greci: talché egli nell'Iliade vien'a cantare uno stoltissimo Capitano.

A FRANCESCO SPINELLI

Carta do Autor
Ao Excelentíssimo Senhor
Dom Francesco Spinelli,
Príncipe de Scalea.

Eu devo infinitos agradecimentos a Vossa Excelência, porque três dias depois de dar-lhe humildemente de presente através de um Filho meu um exemplar da *Ciência Nova* recém-publicada o Senhor, afora o tempo que preciosamente gasta em sublimes meditações filosóficas ou em lições de Escritores de muitíssimo peso, particularmente gregos, já a havia lido toda e, pela maravilhosa agudeza de vosso engenho e pela alta compreensão do vosso entendimento, tanto a havia percorrido quase num só fôlego, quanto a havia penetrado até a medula e compreendido em toda sua extensão. E, ficando em modesto silêncio sobre os juízos favoráveis que o Senhor lhe deu pela elevação de ânimo própria de vosso elevado estado, eu me declaro sumamente favorecido por sua bondade, pois o Senhor também se dignou a mostrar-me os lugares em que observara alguns erros, de que Vossa Excelência me consolava por terem sido lapsos de memória, que em nada prejudicavam o propósito das matérias tratadas onde esses aconteceram. O primeiro está na *pág.* 313 *v.* 19, em que eu faço Briseida própria de Agamêmnon, e Criseida de Aquiles, e que o primeiro teria ordenado devolver Criseida a Crises, seu pai, Sacerdote de Apolo, que por isso fazia um estrago no exército grego com a peste, e que o segundo não queria obedecer: fato que por Homero é narrado todo ao contrário. Mas tal erro por nós cometido era na verdade, inadvertidamente, uma emenda de Homero na parte importantíssima do costume, que Aquiles não queria obedecer e que Agamêmnon, para a salvação do exército, o teria ordenado. Mas nisso Homero verdadeiramente manteve o decoro, que havia feito dele um sábio, tal que pintou o seu Capitão como forte também, o qual, tendo devolvido Criseida como que forçado por Aquiles e considerando sua posição, para manter a honra, tirou injustamente de Aquiles sua Briseida; fato que levou à ruína uma grande parte dos Gregos, tal que ele na Ilíada vai cantar um estultíssimo Capitão.

Laonde cotal nostro errore ci nuoceva veramente in ciò, che non ci aveva fatto vedere quest'altra gran pruova della Sapienza del finora creduto, che ci confermava la *Discoverta del Vero Omero*. Nè per tanto Achille, che Omero con l'aggiunto perpetuo *d'irreprensibile* canta a' popoli della Grecia in esemplo dell'Eroica Virtù, egli entra nell'Idea dell'Eroe, quale'l diffiniscono i Dotti; perchè quantunque fusse giusto il dolor d'Achille, però dipartendosi con le sue genti dal campo, e con le sue navi dalla comun'armata, fu quell'empio voto, ch'Ettorre facesse il resto de' Greci, ch'erano dalla peste campati, e godendo esaudirsi, siccome nel ragionando insieme di queste cose, V(ostra) E(ccellenza) mi soggiunse quel luogo, dove Achille con Patroclo desidera, che morissero tutti i Greci e Trojani, & essi soli sopravivessero a quella Guerra; era la vendetta scelleratissima. Il secondo errore è a *pag.* 314 *v.* 38 e *pag.* 315 *v.* I ove mi avvertiste, ch'l Manlio, il qual serbò la rocca del Campidoglio da' Galli, fu il Capitolino, dopo cui venne l'altro, che si cognominò Torquato, il qual fece decapitar'il figliuolo; e che, non questi, ma quegli, |161| per aver voluto introdurre Conto Nuovo a pro della povera plebe, venuto in sospetto de' Nobili, che col favor popolare volesse |p farsi Tiranno di Roma, condennato funne fatto precipitare dal monte Tarpeo. Il qual trasporto di memoria sì che ci nuoceva in ciò, che ci aveva tolto questa vigorosa pruova dell'uniformità dello stato Aristocratico di Roma Antica, e di Sparta, ove il valoroso, e magnanimo Re Agide, qual Manlio Capitolino di Lacedemone, per una stessa legge di Conto Nuovo, non già per alcuna Legge Agraria, come si è detto sopra, e per un'altra testamentaria, che si dirà appresso, fu fatto impiccare dagli Efori. Il terzo errore è nel *fine* del *Libro V* pag. 445 v. 37 ove deve dir *Numantini* (che tali sono quivi da esso Ragionamento circoscritti). Per gli quali vostri benigni avvisi mi son dato a rilegger l'Opera, e vi ho scritto le seguenti Correzioni, Miglioramenti, ed Aggiunte seconde.

Assim, tal erro nosso prejudicava-nos verdadeiramente, porque não nos deixou ver essa outra grande prova relativa à sua suposta Sabedoria, que nos confirmava a *Descoberta do Verdadeiro Homero*. Portanto, tampouco Aquiles, que Homero canta aos povos da Grécia como exemplo da Virtude Heroica, com o atributo perpétuo de *irrepreensível*, entra na Ideia de Herói, tal como a definem os Doutos; porque, embora fosse justa a dor de Aquiles, contudo, partindo com as suas gentes do campo e com as suas naus da armada comum, fez aquele ímpio voto de que Heitor com gosto acabasse com o resto dos Gregos que tinham sobrevivido à peste, assim como, ao pensar sobre essas coisas, Vossa Excelência me acrescentou aquele lugar, onde Aquiles e Pátroclo desejam que morressem todos os Gregos e Troianos, e que apenas eles sobrevivessem àquela Guerra: era a mais celerada das vinganças. O segundo erro está na *pág*. 314 *v*. 38 e na *pág*. 315 *v*. I, nas quais me advertistes de que o Mânlio que protegeu a fortaleza do Capitólio dos Gauleses foi o Capitolino, depois do qual vem o outro, que foi apelidado de Torquato, que mandou decapitar o filho; e que não este, mas aquele, por querer introduzir a Nova Lei de Contas a favor da pobre plebe, e os Nobres suspeitando que com o favor popular desejasse tornar-se Tirano de Roma, foi condenado a precipitar-se do monte Tarpeo. Esse transporte de memória prejudicava-nos de tal modo, que nos tolheu esta vigorosa prova da uniformidade do estado Aristocrático da Roma Antiga e de Esparta, onde o valoroso e magnânimo Rei Ágis, como um Mânlio Capitolino da Lacedemônia, por uma mesma Nova Lei de Contas, não por alguma Lei Agrária, como se disse acima, e por uma outra testamentária, que se dirá em seguida, foi enforcado pelos Éforos. O terceiro erro está no *fim* do *Livro V pág*. 445 *v*. 37, em que se deve dizer *Numantini* (sendo tais circunscritos por esse Raciocínio). Graças a esses vossos benignos avisos, pus-me a reler a Obra e escrevi as seguintes Correções, Melhoramentos, e segundos Acréscimos.

[Nápoles, 1730]

69. A LUDWIG VON HARRACH

Sacra Cesarea e Catolica Maestà

Giambattista Vico, Lettor di Rettorica ne' Regj Studj di Napoli, prostrato Agli augustissimi Piedi di Vostra Maestà Cesarea, e Catolica, supplicando l'espone, che esso è'l più anziano di tutti gli altri Regj Lettori; perche esso solo vi possiede da trentatre anni la sua Catedra; quantunque quadriennale, per assiento della gloriosa memoria di Carlo II. e gli altri tutti tengono le loro per assienti fatti ne' tempi appresso: la qual Catedra, come altre due sole, che sono quelle di Matematica, e di Lingua Greca, non ha l'ascenso a catedre maggiori, e non gli rende soldo più, che cento scudi annui, con altri pochi, che ritragge dalle Fedi di Rettorica, con le quali abilita i Giovani a studiare Giurisprudenza. Per sì lungo spazio d'anni il supplicante ha fatto molte fatighe straordinarie in occasione di pubbliche funzioni, e fra l'altre l'Iscrizioni, gli Emblemi, e la Relazione de' *Funerali di Carlo di Sangro e di Giuseppe Capece* fatti di vostro ordine Reale, e a spese del vostro Real'Erario stampati in foglio da Felice Mosca. Oltre a ciò ha fatto un gran numero di pubbliche Aperture di Studj, e tra l'altre quella solennemente recitata alla presenza del Cardinal Grimani, allora Viceré di questo Regno, che va col titolo *De Ratione Studiorum,* da questa Università dedicata alla Maesta Vostra Cesarea e Catolica con le stampe dello stesso Mosca. Ma non contento di servir'alla gloria di questa Regal Vostra Università con fatighe proprie della sua Catedra, diede fuori pur dalle stampe del Mosca un *nuovo Sistema di Metafisica*; per lo quale essendo stato attaccato da *Giornalisti di Venezia,* vi sostenne tre anni una contesa Letteraria; nella qual'essi Giornalisti finalmente si diedero per sodisfatti, come si vede nel fine della Risposta anco dal Mosca stampata alla loro Replica nell'Articolo X del tomo VIII del loro Giornale d'Italia. Dipoi mandò fuori stampata magnificamente dalle medesime stampe in un volume in quarto scritta in Latino La Vita del Maresciallo Antonio Carafa; | nella qual'impiegò tutto il suo travaglio in dimostrar'al Mondo il Diritto Natural delle Genti osservato da Leopoldo Imperadore di gloriosa memoria nella Riduzione della Transilvania;

Epistolário – Cartas escolhidas

A LUDWIG VON HARRACH

Sacra, Cesárea e Católica Majestade

Giambattista Vico, Docente de Retórica nos Régios Estudos de Nápoles, prostrado Aos augustíssimos Pés de Vossa Majestade Cesárea e Católica, suplicando expõe-lhe que ele é o mais ancião de todos os outros Régios Docentes, porque só ele possui há trinta e três anos a sua Cátedra, se bem que quadrienal, por concessão do glorioso e memorável Carlos II, e todos os outros têm as suas por concessões feitas em tempos mais recentes; Cátedra que, como outras duas apenas, aquelas de Matemática e de Língua Grega, não permite a ascensão a cátedras maiores, e não lhe rende ganho maior do que cem escudos anuais, além de outros poucos que retira das Fés da Retórica, com as quais habilita os Jovens a estudar Jurisprudência. Por longo espaço de tempo, o suplicante fez muitos trabalhos extras por ocasião de funções públicas, entre outros, as Inscrições, os Emblemas e a Narração dos *Funerais de Carlos de Sangro e de Giuseppe Capece*, feitos por vossa ordem Real e impressos no formato in-fólio por Felice Mosca às custas do vosso Erário Real. Além disso, fez um grande número de Aberturas públicas de Estudos, entre outras, aquela solenemente recitada na presença do Cardeal Grimani, então Vice-Rei deste Reino, com o título *De Ratione Studiorum* [*O Método dos Estudos*], dedicada por essa Universidade a Vossa Majestade Cesárea e Católica com a publicação pelo mesmo Mosca. Mas não contente em servir à glória de Vossa Real Universidade com as fadigas próprias da sua Cátedra, trouxe à luz pela estampa do Mosca um *novo Sistema de Metafísica*, pelo qual, tendo sido atacado por *Jornalistas de Veneza*, manteve por três anos uma polêmica Literária, com a qual esses Jornalistas finalmente se deram por satisfeitos, como se vê no fim da Resposta, também impressa pelo Mosca, à sua Réplica no Artigo X do tomo VIII do seu Jornal da Itália. Depois, publicou magnificamente pela mesma estampa em um volume in-quarto escrita em Latim A Vida do Marechal Antônio Carafa, na qual empregou todo seu trabalho para demonstrar ao Mundo o Direito Natural das Gentes observado pelo Imperador Leopoldo, de gloriosa memória, na Redução da Transilvânia,

La qual fu fatta dentro quell'Inverno |163p|, che 'l Maresciallo vi aveva menato dentro le Truppe Cesaree a svernare: dintorno al qual fatto gli Storici Francesi, o di altre Nazioni pensionati da Lodovico XIV hanno tentato d'adombrare la gloria di quelle Augustissime Armi vittoriose: della qual'Opera, *Clemente XI* sommo Pontefice, dottissimo di colta Letteratura in un Breve, che ne scrisse al Duca di Trajetto, Nipote del Maresciallo, il quale glien'aveva fatto presentar'un esemplare, dà l'ononerevolissimo elogio di *Storia Immortale*. Appresso dalle medesime stampe diede fuori tre Libri in un Volume in quarto de Jure Universo: con l'occasione della qual'opera *Giovanni Clerico*, senza contrasto Principe degli Eruditi dell'Età nostra, il quale per cinquant'anni continovi nelle sue tre Biblioteche, l'Universale, La Scelta, e l'Antica e Moderna non aveva altro scritto, che in Italia non si lavoravano Opere, Le quali, per ingegno e per erudizione si potessero porre a petto di quelle degli Oltremontani; canta la palinodia; et in una Lettera, che gliene scrive, data in *Amsterdam* a dì *8* di ottobre *1722*, dice, che *un Opera simile non è da sperare da tutti gli abitatori delle fredde contrade* : e nella Parte II del Tomo XVIII nell'Articolo VIII ne dà un giudizio sì vantaggioso, che non ne ha dato un simile di tutte le altre Opere de' Dotti de' tempi suoi. Ma tal'opera sembrando al Supplicante esser'ancor'abbozzata, per meglio servire allo splendore di questa Vostra Regia Università, mandò fuori dalle solite stampe *La Scienza Nuova d'intorno a' Principj dell'Umanità delle Nazioni,* dedicata a questo sommo Pontefice *Clemente XII* essendo Cardinale: il quale con Lettera data in Roma a dì *8* di decembre *1725* gliene dà di questa Lode: *Opera al certo, che per antichità di Lingua e per saldezza di dottrina basta a far conoscere, che vive anch' oggi negl'Italiani Spiriti non meno La nativa particolarissima attitudine alla buona Eloquenza, che'l robusto felice ardimento a nuove produzioni nelle più difficili Discipline :| ond' io me ne congratulo con cotesta vostra ornatissima Patria:* che è tanto dire, quanto, che si congratula con La gloria di Vostra Imperiale Real Maestà, all'ombra delle cui armi vittoriose questo suo umil Vassallo ha avuto l'agio di Lavorare tal'opera.

que foi feita naquele Inverno, quando o Marechal levara as Tropas Cesáreas para invernar: fato em torno do qual os Historiadores Franceses, ou de outras Nações, pensionistas de Luís XIV, tentaram ofuscar a glória daquelas Augustíssimas Armas vitoriosas; Obra sobre a qual o sumo Pontífice *Clemente XI*, doutíssimo de culta Literatura, em um Breve que escreveu ao Duque de Trajetto, Sobrinho do Marechal, o qual lhe tinha presenteado com um exemplar, fez o honorabilíssimo elogio de *História Imortal*. Em seguida, pela mesma estampa, publicou três Livros em um Volume in-quarto *de Jure Universo* [*do Direito Universal*]; por ocasião dessa obra, *Jean Leclerc*, indiscutivelmente o Príncipe dos Eruditos da nossa Época, que por cinquenta anos ininterruptos em suas três Bibliotecas, a Universal, a Seleta e a Antiga e Moderna, não havia escrito outra coisa senão que na Itália não se elaboravam Obras que em engenho e em erudição pudessem ser comparadas àquelas dos Ultramontanos; canta a palinódia e, em uma Carta que lhe escreve de *Amsterdã* no dia *8* de Outubro de *1722*, diz que *uma Obra semelhante não é de se esperar de nenhum dos habitantes das regiões frias*; e na Parte II do Tomo XVIII no Artigo VIII dá-lhe um juízo tão vantajoso, que semelhante não deu a nenhuma outra Obra dos Doutos do seu tempo. Mas, parecendo ao Suplicante ser tal obra ainda um esboço, para melhor servir ao esplendor desta Vossa Régia Universidade, trouxe à luz pela estampa de sempre *A Ciência Nova em torno dos Princípios da Humanidade das Nações*, dedicada ao sumo Pontífice *Clemente XII* quando era Cardeal, que em uma Carta de Roma do dia *8* de dezembro de *1725* lhe faz este Elogio: *Obra que pela antiguidade da Língua e firmeza de doutrina certamente basta para que se saiba que vive também hoje nos Espíritos Italianos A nativa e particularíssima atitude para a boa Eloquência, não menos que a robusta e feliz ousadia de novas produções nas mais difíceis Disciplinas; motivo pelo qual me congratulo com essa vossa ornadíssima Pátria*; o que significa dizer que se congratula com A glória da Vossa Imperial e Real Majestade, à sombra de cujas armas vitoriosas este seu humilde Vassalo teve a tranquilidade para Trabalhar tal obra.

In questo Libro la buona Fortuna del supplicante venutagli da' vostri Augustissimi Auspicj ha portato, che nella Scienza Nuova stampata prima a pag. 203, e nella Ristampata a pag. *258* truovasse la |164| *Storia Eroica del Vostro Insigne Ordine del Toson d'oro,* che'l *Chifflezio,* il qual ne scrive la Storia, ne lascia al bujo de' di Lui Principj: onde il *Pietrasanta* nel Trattato dell'Imprese, scrive, esserne ancor'oscura l'origine: e quivi si dimostra, che la Serenissima Casa de' Duchi di Borgogna sia d'origine Erculea, e ch'abbia più di tremila anni di continovata sovrana signoria. Di tal Scienza Nuova principal Corollario è un *Sistema del Diritto Natural delle Genti,* diverso dagli tre, che ne hanno meditato *Ugone Grozio, Giovanni Seldeno,* e *Samuello Pufendorfio;* per gli quali tre Autori l'Olanda, l'Inghilterra, la Germania Protestante insultavano alla Francia, quando ella più sfolgorava di Dotti Huomini, che ella non aveva uno, che fusse il quarto Principe di tal Dottrina: sicome in fatti l' *Abate Antonio Conti,* nobile Veneto, famoso Letterato di questo secolo, da esso sup(plican)te non conosciuto innanzi per niuna corrispondenza di Lettere, apertamente il professa a favor dell'Italia, con un Ristretto di quest'Opera, che ne mandò in Francia, con lettera data in Venezia a dì 3 di Gennaro 1727 scrivendo: che *nella favella Italiana non abbiamo un Libro, che contenga più cose erudite, e filosofiche, e queste tutte originali nella specie loro: e che da tal'estratto conoscano i Francesi, che molto può aggiungersi, e molto correggersi sull' Idee della Cronologia, e Mitologia non meno, che della Morale, e della Jurisprudenza, sulla quale hanno molto travagliato.* In essa Opera il sup(plican)te ferma principalmente due punti massimi: uno, che la Giustizia Naturale delle Nazioni sia conforme alla dottrina Catolica della Grazia; L'altro, che La Monarchia si giustifica per una forma politica naturale di Governo con sovrana libera potestà del Monarca sopra le vite, e le sostanze de' sudditi:| per gli quali due gran Principj stabiliti, convenevoli a tutti i Regni Catolici, la Scienza Nuova sopporta questa gloriosa accusa da' *Giornalisti di Lipsia,* ch'ella contenga Principj conformi alla Dottrina Catolica, e che servono alla Monarchia : a' quali il supplicante ha risposto con una scrittura uscita dalle solite stampe, col titolo, *Notae in Acta Lipsiensia;*

Nesse Livro, a boa Fortuna do suplicante, vinda dos vossos Augustíssimos Auspícios, fez com que na Ciência Nova, impressa pela primeira vez na página 203 e na Reimpressão na página 258, encontrasse a *História Heroica da Vossa Insigne Ordem do Tosão de ouro,* da qual *Chifflezio,* que escreve a sua História, deixa no escuro os Seus Princípios; por isso, *Pietrasanta* no Tratado das Divisas escreve que a sua origem é ainda obscura; e então se demonstra que a Sereníssima Casa dos Duques da Borgonha é de origem Hercúlea e que tem mais de três mil anos de contínua soberana senhoria. De tal Ciência Nova, principal Corolário é um *Sistema do Direito Natural das Gentes,* diferente dos três que meditaram *Hugo Grócio, John Selden* e *Samuel Pufendorf;* por conta desses três Autores, a Holanda, a Inglaterra e a Alemanha Protestante insultavam a França, quando ela mais fulgurava de Doutos Homens, porque ela não tinha um que fosse o quarto Príncipe de tal Doutrina; de fato, o *Abade Antonio Conti,* nobre Veneto, famoso Literato deste século, que este suplicante não conhecia antes por nenhuma troca de Cartas, em um Resumo dessa Obra, que mandou para a França com uma carta de Veneza do dia 3 de janeiro de 1727, abertamente o declara a favor da Itália ao escrever: que *na Língua Italiana não temos um Livro que contenha mais coisas eruditas e filosóficas, todas elas originais em sua espécie; e que a partir de tal extrato os Franceses podem saber que muito pode ser acrescentado e corrigido sobre as Ideias acerca da Cronologia, da Mitologia, não menos que da Moral e da Jurisprudência, sobre a qual trabalharam muito.* Nessa Obra, o suplicante firma principalmente dois pontos máximos: um, que a Justiça Natural das Nações é conforme à Doutrina Católica da Graça; o outro, que A Monarquia se justifica por uma forma política natural de Governo com soberana livre potestade do Monarca sobre as vidas e as substâncias dos súditos; graças a esses dois grandes Princípios estabelecidos, convenientes a todos os Reinos Católicos, a Ciência Nova suporta a gloriosa acusação dos *Jornalistas de Leipzig* de conter Princípios conformes à Doutrina Católica, que servem à Monarquia, aos quais o suplicante respondeu com um escrito saído pela costumeira estampa, com o título *Notae in Acta Lipsiensia* [*Notas às Atas de Leipzig*];

la quale perciò va dedicata a V(ostra) M(aestà) C (esarea) e C(atolica) ch'è 'l Primo Monarca Catolico di tutta la Cristianità. Tal'Opera della Scienza Nuova essendo fatta rarissima per l'Italia, e volendosi in Venezia stampare non con tutta la sodisfazione dell'Autore, esso, avendola ridotta in forma d'un perfetto sistema, e di molto anco accresciuta, l'ha ultimamente data fuori in Napoli dalle stesse stampe |165| del Mosca, e da se medesima è ritornata a questo Sommo Pontefice, perche a Lui, essendo Cardinale, era stata dedicata la prima volta, e la *Santità Sua* ne ha attestato la stima, volendo, che'l *Cardinal Corsini,* suo Nipote con una onorevolissima Lettera data in Roma a dì 6 di Gennaro di quest'anno *1731* participasse al Sup(plican)te il suo gradimento. Or poiche con nostra somma felicità e gloria non mai per l'addietro udita di questa v(ost)ra Regia Università la Maestà v(ost)ra ad un medesimo tempo ha promosso ben cinque Colleghi del Sup(plican)te a' Regj Vescovadi, si pone a' V(ost)ri Augustissimi Piedi questo infelice v(ost)ro schiavo, e vassallo, povero, vecchio, carico di numerosa Famiglia, gravemente infermo, che non può più fatigare per sostentarla con sì tenue sostentamento, che ora per gli bisogni della guerra scemato del terzo gli dà la sua Catedra, ch'appena basta ad un Servidor di Livrea; onde la sua povera Casa stà sull'orlo di cadere in una vergognosa povertà: e umilmente La priega di un benefìcio ecclesiastico, e, se non ve n'ha l'apertura, di una pensione sopra un de' v(ost)ri Regj Vescovadi, onde un suo Figliuolo di anni sedici, il qual ne ha tutti i riquesiti, si possa ordinar chierico, seguire l'orme di suo padre nella via delle Lettere, e con v(ost)ra gloria sostenere decorosamente il grado della sua cadente Famiglia; e l'aurà dalla v(ost)ra Real'Imperial Grandezza a gr(azi)a, ut Deus.

por isso ela merece ser dedicada à Vossa Majestade Cesárea e Católica, o Primeiro Monarca Católico de toda a Cristandade. Tal Obra, a Ciência Nova, tornando-se raríssima na Itália e querendo-se em Veneza publicá-la, com o Autor não de todo satisfeito, ele, tendo-a reduzido à forma de um perfeito sistema e em muito ainda ampliando-a, publicou-a recentemente em Nápoles pela mesma estampa do Mosca, e por si mesma retornou a esse Sumo Pontífice, porque a Ele, quando era Cardeal, tinha sido dedicada pela primeira vez, e a *Sua Santidade* atestou-lhe a estima, ao querer que o *Cardeal Corsini*, seu Sobrinho, por meio de uma honorabilíssima Carta de Roma, de 6 de Janeiro deste ano de 1731, compartilhasse com o Suplicante o seu contentamento. Ora, já que, para nossa suma felicidade e glória, nunca antes vista nesta vossa Régia Universidade, a Vossa Majestade promoveu de uma só vez cinco Colegas do Suplicante ao Régio Bispado, põe-se aos Vossos Augustíssimos Pés este infeliz, vosso escravo e vassalo, pobre, velho, arrimo de uma numerosa Família, gravemente enfermo, que não pode mais fadigar-se para sustentá-la com tão pouco sustento, que agora a sua Cátedra lhe proporciona, diminuído de um terço pelas necessidades da guerra, o bastante apenas para um Funcionário Doméstico; assim, a sua pobre Casa está prestes a cair em uma vergonhosa pobreza e humildemente Lhe implora um benefício eclesiástico, e, se não há a abertura para tanto, de uma pensão em um dos vossos Régios Bispados, onde um Filho seu de dezesseis anos, que apresenta todos os requisitos, possa se ordenar clérigo, seguir os passos de seu pai na via das Letras e com a vossa glória sustentar decorosamente a condição de sua cadente Família; e o alcançará pela graça de vossa Real Imperial Grandeza, *ut* Deus.

[Nápoles, 6 de abril de 1731]

71. A NICOLA GAETANI DI LAURENZANO

Ill(ustrissi)mo et Ecc(ellentissi)mo Sig(no)re, Sig(no)re, e P(adro)ne Col(endissi)mo

 Rendo infinite grazie a V(ostra) E(minenza) del prezioso dono ch'Ella ha degnato farmi della Signoril Morale, c'ha scritto a' Sig(no)ri suoi Nipoti: il quale mi è giunto adorno di tre onorevoli circostanze; e d'esser'accompagnata da v(ost)ro gentilissimo foglio ; e d'avermi fatto render' e l'un, e l'altro per le pregiate mani del Sig(no)r Abate Giuvo; e di avervi uniti nove altri esemplari, de' qual'io mi fussi onorato co' miei Signori, ed Amici. In legger' il titolo, mi si è rappresentato l'Eroico Romano costume, col qual' i zj educavano i lor nipoti, di che è quel motto di Giovenale, *quum sapimus patruos;* mi venne innanzi Cicerone, il qual ricco di matura sapienza così Riposta di gran Filosofo, come Civile di gran Politico scrisse |167| gli aurei Libri degli Uficj al suo unico diletto figliuolo. In addentrarmi nell'Opera ho ammirato la v(ost)ra erudizione, e dottrina tanto dell'antiche, quanto delle moderne Filosofie, e i varj nuovi sublimi Lumi, de' quali e quelle, e queste illustrate. Pone l'E(minenza) V(ostra) la Virtù nella moderazione delle passioni: ed in ciò ho scorto, che non l'irrigidisce con gli Stoici, che ne facciano disperare le pratiche; nè la rillascia con Epicuro, che ne apra un vil mercato a chiunque ne voglia a suo capriccio l'oppenioni: ma la sente con Platone, dalla cui Accademia quanti scolari, tanti uscirono famosi Capitani, e Politici; la sente con Aristotile, che seppe formar' un Grand'Alessandro. | E mi ha confermato in ciò, ch'io sempre ho osservato vero, che quando scrivono huomini, i quali o per Signorie, o per cariche hanno gran parte nelle Repubbliche, sempre danno opere sostenute dalla Religione, e dalla Pietà. Nè in vero Libri perniziosi agli Stati son'usciti, che da Autori o della vil feccia de' popoli, o malcontenti de' loro Stati. Lo stile poi, il quale dipigne al vivo la natura degli Scrittori, con una splendida frase dappertutto spira una nobiltà generosa, qual'è propia della v(ost)ra Grandezza ond'aveva la ragione il dottissimo Cardinale Sforza Pallavicino, ch'ove lodar voleva alcuno Scrittore dallo stile, di cui scrisse un Libro picciolo di mole, ma di gran peso, diceva, scrive da Signore.

Epistolário – Cartas escolhidas

A NICOLA GAETANI DI LAURENZANO

Ilustríssimo e Excelentíssimo Senhor, Senhorio e Patrono Colendíssimo

Agradeço infinitamente à Vossa Eminência pelo precioso presente que o Senhor se dignou a dar-me acerca da Moral Senhoril, escrito aos seus Senhores Sobrinhos, que me chegou adornado com três belíssimas circunstâncias: uma, a de estar acompanhado da vossa gentilíssima folha; outra, a de ter-me enviado um e outro pelas estimadas mãos do Senhor Abade Giuvo; e a última, a de ter-me juntado outros nove exemplares, para que eu tivesse a honra de dá-los aos meus Senhores e Amigos. Ao ler o título, para mim representou o costume Heroico Romano, com o qual os tios educavam os seus sobrinhos, de onde vem aquele mote de Juvenal: *quum sapimus patruos* [quando conhecemos os tios]; veio a minha lembrança Cícero, o qual, rico de madura sabedoria, tão Refinada de grande Filósofo, quanto Civil de grande Político, escreveu os áureos Livros dos *Ofícios* ao seu único dileto filho. Ao adentrar-me na Obra, admirei a vossa erudição e doutrina, tanto acerca das antigas, quanto das modernas Filosofias, e as várias novas sublimes Luzes com as quais vós ilustrais estas e aquelas. Vossa Eminência põe a Virtude na moderação das paixões, e nisso percebi que não a enrijece como os Estoicos, que nos fazem perder as esperanças nas práticas, nem a abandona como Epicuro, que abre um vil mercado a qualquer um que queira opiniões conforme o seu capricho; mas a sente como Platão, de cuja Academia tantos alunos saíram famosos Capitães e Políticos; sente-a como Aristóteles, que soube formar um Grande Alexandre. E nisso confirmo o que sempre observei de verdade: quando os homens que cumprem um grande papel nas Repúblicas, por Senhorias ou por cargos, escrevem, sempre produzem obras sustentadas pela Religião e pela Piedade. Em verdade, Livros perniciosos aos Estados são publicados por Autores, ou da vil escória dos povos, ou descontentes com seus Estados. O estilo, então, que pinta vivamente a natureza dos Escritores, com uma frase esplêndida sopra por toda parte uma nobreza generosa, como é próprio de vossa Grandeza; por isso, tinha razão o doutíssimo Cardeal Sforza Pallavicino, que, quando queria louvar algum Escritor pelo estilo, sobre o que escreveu um pequeno Livro no volume, mas de grande peso, dizia: escreve como Senhor.

Perche certamente se si faccia il calcolo de' Libri di conto, c'han sofferto la lunghezza de' tempi, si truoverà, che le tre parti sono stati scritti da huomini nati nobili, appena la quarta da' nati bassi. Finalmente nelle v(ost)re luminose Canzoni, mescolate d'un'aggradevole gravità, nelle quali uscite talvolta secondo il proposito delle materie, che ragionate; mi è paruto di leggere nella v(ost)ra favella Boezio, il Platon Cristiano, che sovente raddolcia la Consolazione della Filosofia co' dolcemente istruttivi versi, che vi trammesta. Felici gli Ecc(ellentissi)mi V(ost)ri Nipoti, i quali son formati ad una Signorile Virtù con la voce e con l'esemplo di V(ostra) E(ccellenza), dottissimo, e virtuosissimo Principe. Laonde mi rallegro con la nostra Padria, che nella V(ost)ra degnissima Persona vede un gran raggio | di quella Luce, della quale rifulse ne' beatissimi tempi degl'Incliti in parte V(ost)ri Re, Alfonso, e Ferdinando d'Aragona, quando quasi quanti erano |168| grandi Signori del Reame di Napoli, tanti erano gran Letterati, tra' quali un Diomede Carafa, conte di Madaloni in bel latino scrisse dell'Educazione de' Figliuoli de' Sovrani Principi: mi rallegro con la nostra età, che Personaggio di tant'alto stato sostenga la cadente riputazion delle Lettere, ch'altrimenti anderebbe a rovinare con la moda, la quale V(ostra) E(minenza) in questi stessi Libri condanna: e consolo finalmente la mia ostinata avversa Fortuna, che senza alcun mio merito per vostra generosità mi vegga di tanto dall'E(minenza) V(ostra) onorato; a cui rassegnando tutto il mio ossequi, mi confermo

Napoli, il dì p(rim)o di Marzo 1732
    Di Vostra Ecc(ellen)za

Porque, quando se faz o cálculo dos Livros de relevância que suportaram o passar do tempo, certamente se descobrirá que três partes foram escritas por homens nascidos nobres, apenas uma quarta por nascidos inferiores. Finalmente, nas vossas luminosas Canções, mescladas de uma agradável gravidade, que surgem às vezes segundo o propósito das matérias sobre as quais raciocinais, pareceu-me estar lendo na vossa linguagem Boécio, o Platão Cristão, que frequentemente adoça sua Consolação da Filosofia com a doce inserção de instrutivos versos. Felizes os Vossos Excelentíssimos Sobrinhos, formados para uma Virtude Senhoril com a palavra e com o exemplo de Vossa Excelência, doutíssimo e virtuosíssimo Príncipe. Por isso, alegro-me com a nossa Pátria, que vê na Vossa digníssima Pessoa um grande raio daquela Luz que fulgurou nos beatíssimos tempos dos Insignes Reis, em parte Vossos, Alfonso e Ferdinando de Aragão, quando quase todos grandes Senhores do Reino de Nápoles também eram grandes Literatos, dentre os quais Diomede Carafa, conde de Madaloni, que em belo latim escreveu sobre a Educação dos Filhos dos Soberanos Príncipes; alegro-me com o nosso tempo, já que uma Personalidade de tão elevado *status* mantém de pé a decadente reputação das Letras, que de outra maneira iria arruinar-se com a moda, que Vossa Eminência nesses mesmos Livros condena; e consolo finalmente a minha obstinada Fortuna adversa, porque sem nenhum mérito meu me vejo tão honrado com tamanha generosidade por Vossa Eminência; a quem, apresentando toda a minha reverência, me confirmo

Nápoles, 1 de março de 1732
    De Vossa Excelência

73. A NICCOLÒ GIOVO

    Rendo infinite gr(azi)e a V(ostra) S(ignoria) Ill(ustrissi)ma del prezioso dono, che mi ha inviato della Signoril Morale, che l' Ecc(ellentissi)mo Sig(no)re Duca di Laurenzano ha dato alle stampe scritta e' di Lui Sig(no)ri Nipoti: il quale m'è giunto adorno di tre bellissime circostanze; una d'esser accompagnato da un di lui gentilissimo foglio; l'altra d'avervi uniti dodici altri esemplari, de' quali io facessi copia à degni miei Sig(no)ri ed Amici; la terza, ed ultima d'essermi pervenuti per mezzo vostro con altra vostra pregevolissima lettera . Io ne ho professato al Sig(no)r Duca i dovuti obblighi con una mia a lui indiritta, nella quale, perch'egli come saggio, e grave non ama lode, se no(n) quella, che risuoni lontana dalle sue orecchie, gli ho con poche, e generali parole dilicatamente lodato tal sua bell'opera: Talché mi rimane ora con V(ostra) S(ignoria) Ill(ustrissi)ma tutta la libertà di dirne con ispiegatezza i miei sentimenti

    e questa è una delle due grandi utilità, che l'orgoglio, il qual'è proprietà de' nobili, arreca per la gloria delle nazioni; che quello come gli avvalora a fare dell' imprese magnanime nelle guerre, così, ov'essi sieno ben'avviati per la strada del sapere, gli mena a scrivere opere distinte in materia di lettere. Cospirano a ciò quelle due altre ragioni: per che i Nobili, come osservano i soli sommi Re nella maniera del vivere, così guardano i soli Principi de' dotti in quella ancor dello scrivere; l'altra è, perché stimano di dar'essi lustro alla Letteratura, e perciò non scrivon'opere per raccogliere gli applausi del basso volgo, molto meno per fin di vil guadagno: per le quali ragioni tutte datemi scrittori nobili dotti, che le lor'opere non posson'essere ch'eccellenti.

    Mi rallegro con la nostra età che un Sig(no)re di cotanto alto stato rinnovelli gli Studi d'intorno all'huomo; il quale contemplato per tutti gli aspetti della Vita Morale, Famigliare, e Civile fa la materia perpetua della sapienza Greca piu sana e robusta, e della Romana, quando quella | a studiare, e scrivere sulla Greca, e di quella d'Italia nel Cinquecento:

A NICCOLÒ GIOVO

Agradeço infinitamente a Vossa Senhoria Ilustríssima pelo precioso presente que me enviou acerca da Moral Senhoril, que o Excelentíssimo Senhor Duque de Laurenzano deu à estampa, escrita aos Seus Senhores Sobrinhos, que me chegou adornado de três belíssimas circunstâncias: uma, de vir acompanhado de uma gentilíssima folha dele; a outra, de ter lhe juntado outros doze exemplares, dos quais eu faria cópia para os meus dignos Senhores e Amigos; a terceira e última, a de ter-me chegado por vosso intermédio com outra estimadíssima carta vossa. Eu declarei ao Senhor Duque os devidos agradecimentos com uma minha a ele endereçada, na qual, porque ele, como sábio e grave, não ama elogio, a não ser o que ressoa à distância de seus ouvidos, com poucas e gerais palavras delicadamente lhe elogiei por tal bela obra sua; tal que me resta agora com Vossa Senhoria Ilustríssima toda a liberdade de dizer a seu respeito com clareza os meus sentimentos
 e esta é uma das duas grandes utilidades que o orgulho, que é propriedade dos nobres, proporciona à glória das nações: tal como os fortalece para fazer as empresas magnânimas nas guerras, assim também, quando estão bem encaminhados na estrada do saber, os leva a escrever obras com distinção em matéria de letras. Conspiram para isso estas outras duas razões: porque os Nobres, tal como observam apenas os sumos Reis na maneira de viver, assim olham apenas os Príncipes dos doutos também naquela de escrever; a outra, é porque esses apreciam dar lustro à Literatura e por isso não escrevem obras para extrair o aplauso do baixo vulgo, muito menos para fins de ganho vil; por todas essas razões, proporcionais-me nobres escritores doutos, cujas obras não podem ser senão excelentes.
 Alegro-me com a nossa época que um Senhor de tão alto *status* renove os Estudos em torno do homem, o qual, contemplado por todos os aspectos da Vida Moral, Familiar e Civil, constitui a matéria perpétua da mais sã e robusta sabedoria Grega e da Romana, quando essa estudou e escreveu sobre a grega, e também daquela da Itália do Século XVI,

nel qual secolo tutta fervette in ricoltivare |170| tal Sapienza Romana e Greca: onde in tali tempi tutte e tre queste nazioni sfolgorarono di sublimi Filosofi, Poeti, Storici ed Omeri; i quali studj oggi si sono affatto abbandonati; perchè il Genio del secolo si digusta di rincontrarsi nelle idee ottime della vita: onde si è dato tutto a coltivare studj, che più dilettino le menti, che perfezionino gli animi; e che quanto facilmente render paghi gli studiosi entro le solitudini, tanto gli rendono insoavi nella Conversazione Civile.

século em que recultivou fervorosamente tal sabedoria Romana e Grega; nesses tempos, todas essas três nações resplandeceram com sublimes Filósofos, Poetas, Historiadores e Homeros; estudos que hoje foram completamente abandonados, porque o Gênio do século não gosta de encontrar-se nas ideias ótimas da vida; assim, deu tudo para cultivar estudos que mais deleitam as mentes do que aperfeiçoam os ânimos e que, quanto mais facilmente contentam os estudiosos dentro das solidões, tanto mais os tornam desagradáveis na Conversação Civil.

[Nápoles, após 10 de dezembro de 1732]

76. A GIUSEPPE PASQUALE CIRILLO

Signor mio, e Padrone Osserv(andissimo)

Mi è pervenuto all'orecchio una voce sparsa falsamente per la Città, ch' io, con un brieve ragionamento estemporaneo avessi notato d'errori l'eruditissimo ragionamento dintorno alle maschere degli Antichi, che V(ostra) S(ignoria) fece nell'Accademia, la qual si tenne in casa della Signora Duchessa di Marigliano : la qual voce io ho udito con mio sommo rammarico; perche di troppo mi offende nella parte del buon costume: che io, dopo di aver domandato da voi tanto mio amico la buona licenza di ragionar' alcun'altra cosa dintorno alla stessa materia, e riportatala da Voi con sommo vostro piacere; senza niuna necessità avessi voluto riprendere il Ragionamento vostro, ch'aveva riportato gli applausi di tutti gli Uditori, tra' quali erano molte nobilissime, e dottissime persone di questa Città. Ma io non altro feci, che vi aggiunsi tre cose, che Voi per brevità trallasciaste. Una fu d'intorno alla prima maschera |p, che dovette truovarsi al Mondo, e ragionai, che fu quella di Satiro: l'altra dintorno all'etimologia della voce *Persona*; la quale e la quantità della di lei sillaba di mezzo niega aver potuto venire dalla voce *Personare,* risuonar dappertutto, e la picciolezza de' primi teatri non lo richiese: e pruovai, ch'ella venisse dall'antico *Personari,* di cui è rimasto *Personatus,* per mascherato, che avesse significato appo i primi Latini vestir di pelli: e l'ultima fu dintorno alla difficultà dell'intendere, come nelle Favole dramatiche Greche, e Latine si leggano gl'istrioni cangiar sembiante sopra le scene, quando recitavano mascherati. Questo è anzi adornare, che riprendere i componimenti fatti da altrui. L'ho voluto scrivere a V(ostra) S(ignoria) perch'ella stessa me ne giustifichi appresso coloro, i quali, non essendovi intervenuti, avranno per avventura dato credito a cotal voce: e le bacio riverentemente le mani

Casa, 30 agosto 1733
    Di V(ostra) S(ignoria)
        Divotis(simo) et Obligatis(simo) Serv(itore)
           Giambattista Vico

Epistolário – Cartas escolhidas

A GIUSEPPE PASQUALE CIRILLO

Meu Senhor e Patrono Respeitadíssimo

Chegou-me aos meus ouvidos um boato espalhado falsamente pela Cidade de que eu, com um breve raciocínio extemporâneo, tivesse notado erros no eruditíssimo raciocínio em torno das máscaras dos Antigos, que Vossa Senhoria fez na Academia que teve lugar na casa da Senhora Duquesa de Marigliano; boato que eu ouvi, para o meu sumo pesar, porque muito me ofende no que toca ao bom costume, de que eu, depois de ter pedido a vós, muito meu amigo, a boa licença para raciocinar alguma outra coisa em torno da mesma matéria e reportá-la a Vós, para o vosso sumo prazer, sem nenhuma necessidade tivesse querido repreender o vosso Raciocínio, que havia recebido os aplausos de todos os Ouvintes, entre os quais muitas nobilíssimas e doutíssimas pessoas desta Cidade. Mas eu outra coisa não fiz senão acrescentar três coisas, que Vós por brevidade descuidastes. Uma foi acerca da primeira máscara que deve ter sido encontrada no Mundo, e argumentei que foi aquela de Sátiro; a outra, acerca da etimologia da palavra *Persona*, cuja sílaba do meio e seu tamanho negam que possa ter vindo da palavra *Personare* (ressoar por toda parte), a pequenez dos primeiros teatros não o requereu, e provei que ela viria do antigo *Personari*, do qual restou *Personatus* (mascarado), que teria significado entre os primeiros Latinos vestir com peles; e a última foi acerca da dificuldade de entender como na leitura das Fábulas dramáticas Gregas e Latinas os histriões mudam o semblante em cena, quando na verdade recitavam mascarados. Isso é adornar, não repreender, as composições feitas por outrem. Quis escrever a Vossa Senhoria a fim de que o senhor mesmo em seguida explique o caso àqueles desavisados que porventura derem crédito a tal boato; e beijo-lhe reverentemente as mãos

Casa, 30 de agosto de 1733
    De Vossa Senhoria
        Devotíssimo e Obedientíssimo Servidor
            Giambattista Vico

78. A CARLO DI BORBONE

Sacra Real Maestà

Giovanni Battista Vico, Lettore di Rettorica in questa Regia Università, prostrato a' vostri Reali piedi, supplicando la Maestà Vostra, umilissimamente le rappresenta; ch'esso è il più anziano di questi pubblici studi, possedendo la sua Catedra fin dai tempi della gloriosa memoria di Carlo II, avendo tutti gli altri Lettori incominciato ad avervi Catedre per assienti de' tempi appresso; e perchè essendo per ordine Reale della Maestà di Filippo V, vostro gloriosissimo padre, esposta tutta l'Università ad un generale concorso, tre sole Catedre non furono opposte, le due primarie di legge, perchè erano perpetue e si trovavano di già occupate, e la sua di Rettorica, quantunque fosse quadriennale. In tutto questo gran spazio di tempo esso supplicante non ha quasi mai lasciato passar alcun anno, nel quale non avesse dato alla luce alcun'opera del suo povero ingegno, delle quali va annoverato un Catalogo nel tomo I della raccolta degli Opuscoli eruditi fatta dal padre Calogerà in Venezia, il qual Catalogo sta in piedi della Vita letteraria del medesimo supplicante, che il conte Gianartico di Porcia, fratello del Cardinale Leandro di Porcia, volle dare alle stampe per Idea a' primi Letterati d'Italia, chiari o per opere uscite alla luce, o per fama di grande Letteratura, e dottrina |175p|, a scrivere le loro, a fine di dare un nuovo metodo più accertato ai giovani di profittare nelle lettere sopra esempii si fatti; e cosi la stampò, non ostanti le proteste del supplicante, che non il facesse, le quali stanno | pubblicate dal detto Padre in una lettera al Cavaliere Vallisnieri, famoso Medico Italiano, che tiene luogo di prefazione a quei libri. Ivi tra l'opere del supplicante è numerato un Panegirico latino presentato alla detta Maestà di Filippo V, quando portossi qui in Napoli. Ma sopra tutte l'altre è quella de Principii del Diritto Universale, o sia del diritto naturale delle genti, che D(on) Bernardo Tanucci, chiarissimo letterato, vostro Segretario di Giustizia, col qual'esso supplicante non aveva nessuna corrispondenza, in una dissertazione latina l'anno 1728, scrive, essere stata la prima, che sia uscita d'Italia d'intorno a tal materia: della quale esso supplicante meditò un sistema sopra principii, i quali convenissero con le verità della nostra Religione Cattolica,

A CARLO DI BORBONE

Sacra Majestade Real,

    Giambattista Vico, Docente de Retórica nesta Régia Universidade, prostrado aos vossos Reais pés, suplicando à Vossa Majestade humildemente faz saber que esse é o mais ancião destes públicos estudos, possuindo sua Cátedra desde os tempos da gloriosa memória de Carlo II, tendo todos os outros Docentes começado a ter Cátedras por assento tempos depois, e porque, estando por ordem real da Majestade Felipe V, vosso gloriosíssimo pai, aberta toda universidade a um concurso geral, três cátedras apenas não foram oferecidas: as duas primárias de leis, porque eram perpétuas e se encontravam já ocupadas, e a sua de Retórica, ainda que fosse quadrienal. Em todo esse grande espaço de tempo, esse suplicante quase nunca deixou passar sequer um ano sem que tivesse trazido à luz alguma obra de seu pobre engenho, listadas em um Catálogo no tomo I da coletânea dos Opúsculos eruditos feita pelo padre Calogerà em Veneza; Catálogo que está de pé na Vida literária do mesmo suplicante, que o conde Gianartico di Porcia, irmão do Cardeal Leandro de Porcia, quis dar à estampa, com a Ideia de que os principais Literatos da Itália, ilustres por obras trazidas à luz ou por fama de grande Literatura e doutrina, escrevessem as suas, a fim de dar um novo método mais acertado aos jovens para tirar proveito das letras com base em tais exemplos; e assim a estampou, não obstante os protestos do suplicante para que não o fizesse, os quais foram publicados pelo referido Padre em uma carta ao Cavalheiro Vallisnieri, famoso Médico Italiano, que ocupa o lugar de prefaciação daqueles livros. Dentre as obras do suplicante, consta um Panegírico latino apresentado à dita Majestade de Felipe V, quando veio aqui em Nápoles. Mas, acima de todas as outras, está aquela dos *Princípios do Direito Universal*, ou seja, do direito natural das gentes, que Don Bernardo Tanucci, ilustríssimo literato, vosso Secretário de Justiça, com o qual esse suplicante não tinha nenhuma correspondência, em uma dissertação latina do ano de 1728, escreve ter sido a primeira a sair na Itália em torno de tal matéria, acerca da qual esse suplicante meditou um sistema sobre princípios que concordassem com as verdades da nossa Religião Católica,

lo che non avevano fatto ne' loro sistemi gli tre principi di tal dottrina, il Grozio in Olanda, il Seldeno in Inghilterra, e il Pufendorfio nella Germania Protestante: la qual'opera ha avuto la fortuna d'essere in molta stima appresso le Nazioni settentrionali, come il professa Giovanni Clerico, nella sua terza Biblioteca, che è l'antica e moderna, nel volume XVIII, all'articolo VIII. Alla quale opera poi meditò di seguito i principii di una scienza nuova d'intorno alla comune natura delle Nazioni; della quale l'Abbate Antonio Conti, Nobile Veneto, un dei primi letterati d'Italia, senza essersi conosciuto col supplicante, gli scrive, che nell'Italiana favella non sia uscito libro, che contenga più cose erudite, e filosofiche, e queste tutte originali nella specie loro, e di averne mandato un piccolo estratto in Francia, per far conoscere a' Francesi, che molto può aggiungersi, e molto correggersi | sull'idee della cronologia, della morale, e della Giurisprudenza, sulla quale hanno molto studiato; e perché si era tal'opera fatta rarissima, invita esso supplicante a volerla ristampare con l'aggiunta di nuovi lumi, conforme ne uscì la seconda impressione qui in Napoli, nel cui principio tal lettera dell'Abate Conti è stampata. Ora il supplicante si truova in grave età, con numerosa famiglia, non avendo dalla sua Catedra più di soldo, che cento scudi annui, con altri pochi incerti, che esige dal diritto delle fedi di Rettorica, che dà ai Giovani, che passano agli studii legali. Per tutto ciò priega la Maestà Vostra a degnarsi d'impiegarlo nella carica di Vostro Istorico Regio, con tanto |176p| di sostentamento, che unito con quello della Catedra, possa con qualche riposo scrivere le vostre gloriosissime geste, e finire onestamente la vita; e l'avrà dalla Vostra Reale munificenza a grazia ut Deus.

o que não haviam feito nos seus sistemas os três príncipes de tal doutrina, Grócio na Holanda, Selden na Inglaterra e Pufendorf na Alemanha Protestante; obra que teve a fortuna de ser muito estimada entre as Nações setentrionais, como o declara Jean Leclerc na sua terceira *Biblioteca*, que é a antiga e moderna, no volume XVIII, artigo VIII. Depois dessa obra, em seguida meditou os princípios de uma ciência nova em torno da natureza comum das Nações, sobre a qual o Abade Antonio Conti, Nobre Veneto, um dos principais literatos da Itália, sem ser conhecido desse suplicante, lhe escreve que na linguagem Italiana não tinha saído um livro que contivesse tantas coisas eruditas e filosóficas, e todas elas originais na sua espécie, e que teria mandado um pequeno extrato à França, levando ao conhecimento dos Franceses que muito pode acrescentar-se e muito corrigir-se acerca das ideias da cronologia, da moral e da Jurisprudência, sobre a qual muito estudaram; e, porque tal obra tinha se tornado raríssima, convida esse suplicante a querer reimprimi-la, acrescida de novas luzes, conforme saiu a segunda impressão aqui em Nápoles, em cujo princípio tal carta do Abade Conti foi estampada. Agora, o suplicante encontra-se em uma idade séria, com numerosa família, não obtendo da sua Cátedra soldo maior do que cem escudos anuais, com outros poucos incertos exigidos por direito das fés de Retórica dadas aos Jovens que passam aos estudos legais. Por tudo isso, roga à Vossa Majestade para dignar-se a empregá-lo no cargo de Vosso Historiador Real, com um sustento maior, para que, unido àquele da Cátedra, possa com algum repouso escrever as vossas gloriosíssimas gestas e terminar honestamente a vida; e o terá pela Vossa Real munificência por graça *ut Deus*.

[Nápoles, julho de 1734]

86. A NICCOLÒ CONCINA

Riv(eritissi)mo P(ad)re, Sig(no)re e P(adro)ne Col(endissi)mo

 Io e 'l Sig(no)r Cirillo dobbiamo certamente dolerci dell'ordine delle Poste meno ben posto qui, che tra voi; il quale ed a noi ha ritardato il piacere di ricevere le v(ost)re giocondissime l(ette)re, ed a V(ostra) P(aternità) Riv(eritissi)ma ha accresciuto il travaglio di duplicarle. Il P(ad)re M(aest)ro Gaspari l'è infinitam(ente) obbligato così della somma benignità, con la quale ella ha ricevuto nella sua protezione la sua dimanda alla Cattedra, come degli utili avvisi, gli dà, per farla efficace; i quali, mentre egli porrà in uso, io non resto di caldamente priegarla a continuar di proteggerlo. Io sempre piu, |184| e piu son confuso dell'alta stima, ch'ella fa di me, la qual'io confesso affatto non meritare. Le rendo infinite gr(azi)e tanto degli autorevoli conforti, ond'io sostenga la mia natura e fortuna di già cadenti, e de' prieghi ch'ella porge a Dio per me, che si degni di conservarmi, quanto del gentil desiderio di riportarsi un giorno qui in Napoli, e darmi la bella sorte di veder'io di persona un mio sì dotto e sì generoso maestro. La lode del profitto, che Gennaro mio figliuolo, ch'umilmente v'inchina, fa negli studj migliori, la qual scrive esserle con piacere giunta all'orecchie, e l'amore, che gentilmente perciò gli portate, gli sono forti stimoli a piu vigorosamente correre la strada della virtù. Monsig(no)r Galiano, Prefetto de' nostri Studj, chiarissimo Letterato d'Italia nel v(ost)ro Proggetto del Diritto Naturale vi ha osservato lumi di severa, e colta dottrina:| Ma vedete, quanto i dotti giudicano diverso a tutto cielo dagl'ignoranti: piu d'una volta, riflettendovi sopra, mi disse, che con quello Voi fate saggio a i Lettori, che vogliono adornare le lor'Università, dover'essi pruomuovere le Scienze che vi professano, e far loro far degli avvanzi, com'Ella in cotal maniera fa della Metafisica. Sto attendendo con ansietà la Risposta, che Voi date a costoro, i quali di cotesto bel merito vi riprendono.

Epistolário – Cartas escolhidas

A NICCOLÒ CONCINA

Reverendíssimo Padre, Senhor e Patrono Colendíssimo

    Eu e o Senhor Cirillo devemos certamente lamentar o serviço dos Correios menos organizado aqui do que entre vós, que retardou o nosso prazer de receber as vossas jocundíssimas cartas e à Vossa Paternidade reverendíssima acrescentou o trabalho de duplicá-las. O Padre Mestre Gaspari é-lhe infinitamente agradecido, não só pela suma benignidade com a qual o senhor recebeu sob sua proteção a sua demanda pela Cátedra, como também pelos úteis avisos que lhe dá para torná-la eficaz, os quais, enquanto ele puser em uso, eu não me canso de calorosamente implorar-lhe que continue a protegê-lo. Eu sempre me confundo mais e mais com a alta estima que o senhor tem por mim, que eu confesso de fato não merecer. Agradeço-lhe infinitamente, tanto pelos prestigiosos amparos para que eu sustente a minha natureza e fortuna já cadentes, e pelas preces que o senhor pede a Deus em meu nome para se dignar a conservar-me, quanto pelo gentil desejo de voltar um dia aqui a Nápoles e dar-me a bela sorte de eu ver pessoalmente um meu tão douto e tão generoso mestre. O elogio do bom proveito que meu filho Gennaro, que se curva humildemente a vós, tira dos melhores estudos, sobre o qual escreve ter-lhe chegado com prazer aos ouvidos, e o amor que por isso gentilmente tendes por ele, são-lhe fortes estímulos para mais vigorosamente percorrer a estrada da virtude. Monsenhor Galiano, Prefeito dos nossos Estudos, ilustríssimo Literato da Itália, no vosso Projeto de Direito Natural, observou luzes de severa e culta doutrina; mas vede o quanto os doutos julgam de modo completamente diverso dos ignorantes: mais de uma vez, refletindo a respeito, disse-me que com esse Vós provais aos Docentes que querem adornar as suas Universidades que eles devem promover as Ciências que professam e fazê-las fazer avanços, como o Senhor de tal maneira faz com a Metafísica. Estou aguardando com ansiedade a Resposta que Vós dais àqueles que por esse belo mérito vos repreendem.

A' Sostenitori della Favola delle XII. Tavole venute di Grecia sarà facilmente infrenato il furore col solamente replicar loro, che rovescino i Principj della Scienza Nuova, e ne incolpino il metodo, con cui sta condotta: perchè il risentirsi delle sorprendenti conchiusioni è di cervelli ottuse, che sentono il grosso delle cose, e deboli per tenere la continua fatiga del metodo geometrico; col quale innumerali verità escono maravigliose in mattematica, le quali pur sono per quella via dimostrate. D'intorno ad altri luoghi, che V(ostra) P(aternità) Riv(eritissi)ma mi comanda di suggerirle valevoli a più screditare Livio, e Dioniso circa la Favola della Legge delle XII Tavole venute di Grecia, se ne sono arrecati molti nel Manoscritto, ch'aspetta la Terza Impressione: ma mi piace di scrivergliene |p uno, ch'è mi è venuto innanzi nel tempo istesso, c'ho ricevuto la v(ost)ra l(ette)ra, il qual'io stimo gravissimo: mentre, rileggendo per mio profitto Polibio, autore, che senza contrasto piu seppe di Politica, che Livio, e Dioniso, e fiorì dugento anni piu vicino a' Decemviri, che |185| Dioniso e Livio, egli nel Lib. VI. al num(er)o IV. e molti appresso dell'edizione di Giacomo Gronovio, a piè fermo si pone a contemplare la costituzione delle repubbliche libere piu famose de' tempi suoi: ed osserva, la Romana esser diversa da quella d'Atene, e di Sparta, e più, che di Sparta, esserlo da quella d'Atene, dalla quale più che da Sparta, i Pareggiatori del Gius Attico col Romano vogliono esser venuti in Roma le Leggi, per ordinarvi la Libertà: ma osserva al contrario somiglantissime tra loro la Romana, e la Cartaginese, la quale niuno mai si è sognato, essere stata ordinata libera con le leggi di Grecia. Et uno Scrittore sappientissimo di repubbliche non fa sopra ciò questa cotanto naturale, e cotanto ovvia riflessione, e non ne investiga la cagion della differenza, le Repubbliche Romana, ed Ateniese diverse, ordinate con | le medesime leggi; e le Repubbliche Romana, e Cartaginese simili, ordinate con Leggi diverse ? Laonde, per assolverlo d'un' oscitanza sì dissoluta, è necessaria cosa a dirsi, che nell'età di Polibio non era ancor nata in Roma cotesta Favola delle Leggi Greche venutevi ad ordinare il Governo libero. Il luogo finalmente di Livio, ch'ella da me desidera, egli è uno de' molti, che nella terza edizione sarà illustrato.

Dos Sustentadores da Fábula das Doze Tábuas vindas da Grécia será facilmente refreado o furor apenas replicando-lhes que invertem os Princípios da Ciência Nova e culpam o método com o qual é conduzida; porque ressentir-se com conclusões surpreendentes é próprio de cérebros obtusos, que sentem o grosso das coisas, e débeis para manter a contínua fadiga do método geométrico, com o qual inumeráveis verdades, que são por aquela via demonstradas, saem maravilhosas em matemática. Acerca dos outros lugares que Vossa Paternidade Reverendíssima me pede para sugerir-lhe, válidos para desacreditar ainda mais Lívio e Dionísio em relação à Fábula da Lei das Doze Tábuas vindas da Grécia, foram acrescidos muitos no Manuscrito que aguarda a Terceira Impressão; mas me apraz escrever-lhe sobre um que me ocorreu no mesmo momento em que recebi vossa carta, o qual eu considero gravíssimo: quando, relendo para meu proveito Políbio, autor que indiscutivelmente soube mais de Política do que Lívio e Dionísio, e floresceu duzentos anos mais próximo aos Decênviros do que Dionísio e Lívio, ele, no Liv. VI, número IV e nos muitos seguintes da edição de Giacomo Gronovio, põe-se firme a contemplar a constituição das repúblicas livres mais famosas dos seus tempos, e observa que a Romana é diferente daquela de Atenas e de Esparta, e mais que de Esparta, é daquela de Atenas, da qual, mais do que de Esparta, os Cotejadores do Direito Ático com o Romano querem que tenham vindo para Roma as Leis, para ordenar-lhe a Liberdade; mas observa, ao contrário, que são semelhantíssimas entre si a Romana e a Cartaginesa, que ninguém nunca sonhou ter sido ordenada livre com as leis da Grécia. E um Escritor tão sapiente acerca de repúblicas não faz sobre isso esta tão natural e tão óbvia reflexão, e não investiga a causa da diferença: as Repúblicas Romana e Ateniense diversas, ordenadas com as mesmas leis, e as Repúblicas Romana e Cartaginesa semelhantes, ordenadas com Leis diversas? Daí que, para absolvê-lo de uma displicência tão dissoluta, é necessário dizer que na época de Políbio não tinha ainda nascido em Roma essa Fábula das Leis Gregas vindas para ordenar o seu Governo livre. Finalmente, o lugar de Lívio que o senhor deseja de mim ele é um dos muitos que na terceira edição será ilustrado.

Diciamo che Livio nel principio della Seconda Cartaginese professa di scrivere la Storia Romana con più certezza; perchè, dandole un particolare proemio, professa *bellum maxime memorabile omnium, quae unquam gesta sunt, me scripturum:* e in conseguenza per tanta incomparabil grandezza ne debbon'essere piu certe le memorie, che dell'altre cose Romane innanzi minori: e pure professa di non saperne tre grandissime circostanze I. i Consoli, sotto i quali Annibale da Spagna prese la volta d'Italia. II. per quali Alpi vi scese. III. con quanto esercito, di che truova negli Annali un'infinito divario. E qui fo fine, faccendole um(ilissi)ma riv(erenz)a

Nap(oli), 16 7bre 1736
    Di V(ostra) P(aternità) Riv(eritissi)ma
        Divot(issi)mo et Obblig(atissi)mo Ser(vito)re
           Giambattista Vico

Dizemos que Lívio no princípio da Segunda Cartaginesa declara que escreve a História Romana com mais certeza, porque, dando-lhe um particular proêmio, declara: *bellum maxime memorabile omnium quae unquam gesta sunt, me scripturum* [sobre a guerra mais memorável de todas que um dia foi feita, vou escrever]; e em consequência de tamanha e incomparável grandeza, devem ser mais certas essas memórias do que as de outros acontecimentos Romanos menores; e ainda deixa claro que não conhece três grandíssimas circunstâncias suas: I. os Cônsules sob os quais Aníbal pela Espanha deu a volta na Itália; II. por quais Alpes desceu; III. o tamanho do exército, de que se encontram nos Anais uma variedade infinita. E aqui termino fazendo-lhe humilíssima reverência

Nápoles, 16 de setembro de 1736
    De Vossa Paternidade Reverendíssima
        Devotíssimo e Obedientíssimo Servo
            Giambattista Vico

90. A MUZIO GAETA

Ho meditato la maravigliosa Opera di V(ostra) S(ignoria) Ill(ustrissi)ma, e con mio sommo piacere, e profitto vi ho scorto, ch'ella vi dà una perfetta Idea del Cristiano Eroismo, ch'è tanto dire, quanto una Cristiana Moral dimostrata; della quale e per l'incertezza della materia, e per la difficultà del Lavoro, come le scrissi nella prima mia Lettera, il Cardinale *Sforza Pallavicino* non ne diede, ch'un embrione nel suo Trattato *del Bene*; il P(ad)re *Malebrance* nelle sue quantunque al suo argomento più adatte, e però poche *Meditazioni Metafisiche* pur v'inciampò, *Ludovico Muratori* ultimamente nella sua *Filosofia Morale* non vi è punto piu riuscito; ed or vi aggiungo, che 'l *Pascale,* e 'l *Nicolio* ne han professato quasi l'impossibiltà di riuscirvi con gli stessi titoli delle loro divine opere, quello di *Pensieri*, e questo di *Saggi* della Morale. Ma Ella dalle grandi |190p|, varie, molteplici, e numerose e sempre attuose virtu del Sommo Pontefice Benedetto XIII l'innalza a' Principj Metafisici, cioè Sublimi, et universali della Virtù Cristiana; e con un metodo sorprendente, ponendo per Primo Principio del suo sistema, che le divine verità rivelate, ch'insegna la n(ost)ra Cristiana Religione non solo non pugnano con le divine verità naturali ch'insegna la Metafisica, ch'essa soltanto, di ch'erano contenti | fin'ora i Teologi, ma che quelle dimostrano, e piu confermano questa; entra con animo, ed ingegno egualmente grande nella difficilissima questione *dell'origini dell'Idee,* di cui vi ha un Libricciuolo intitolato *Historia de Ideis,* che si conduce fin da' primi tempi della Greca Filosofia fin' a' nostri ultimi, ne' quali ne hanno tanto conteso prima *Arnaldo,* e *Malebrance,* et ultimamente li due piu grandi Ingegni della nostra età, il Leibnizio e 'l Neutone; e con un'altezza d'animo incomparabile propia della v(ost)ra nascita, e della v(ost)ra pietà stabilisce come prima pianta, e fondamento dello stupendo edifizio, che dall'eterno decreti dell'unione ipostatica della natura umana, e divina nella persona del Verbo, ch'avevasi da incarnare, venne alle menti cosi angeliche, come umane l'origine dell'Idee.

A MUZIO GAETA

Meditei sobre a maravilhosa Obra de Vossa Senhoria Ilustríssima e, para meu sumo prazer e proveito, notei que o senhor fornece uma perfeita Ideia do Heroísmo Cristão, vale dizer, uma Moral Cristã demonstrada, da qual, tanto pela incerteza da matéria quanto pela dificuldade do Trabalho, como lhe escrevi na minha primeira Carta, o Cardeal *Sforza Pallavicino* forneceu apenas um embrião no seu Tratado *do Bem*; o Padre *Malebranche* nas suas, ainda que mais adequadas ao seu argumento, porém poucas *Meditações Metafísicas* nela somente tropeçou; *Ludovico Muratori* recentemente na sua *Filosofia Moral* não conseguiu nada mais; e agora acrescento que *Pascal* e *Nicole* confessaram quase a impossibilidade de serem bem sucedidos nisso com os próprios títulos das suas divinas obras, aquele com os *Pensamentos* e este com os *Ensaios* acerca da Moral. Mas o Senhor, pelas grandes, variadas, múltiplas, numerosas e sempre ativas virtudes do Sumo Pontífice Bento XIII, o eleva a Princípios Metafísicos, isto é, Sublimes e universais, da Virtude Cristã; e, com um método surpreendente, pondo como Primeiro Princípio do seu sistema que as divinas verdades reveladas, que ensina a nossa Religião Cristã, não só não se opõem às divinas verdades naturais, que ensina a Metafísica, e só ela, com o que até agora se contentavam os Teólogos, mas também demonstram e confirmam ainda mais esta, entra com ânimo e engenho igualmente grandes na dificílima questão *das origens das Ideias*, acerca do que há um Livreto intitulado *Historia de Ideis* [*História das Ideias*], que é conduzida desde os primeiros tempos da Filosofia Grega até os nossos últimos, nos quais tanto discutiram, primeiro, *Arnauld* e *Malebranche* e, recentemente, os dois maiores Engenhos da nossa época, Leibniz e Newton; e, com uma elevação de ânimo incomparável, própria do vosso nascimento e da vossa piedade, estabelece, como primeira planta e fundamento do estupendo edifício, que pelo eterno decreto da união hipostática da natureza humana e divina na pessoa do Verbo, que tinha que encarnar, adveio às mentes a origem das Ideias, tanto angelicais quanto humanas.

Quindi discende a ragionar de' Principj così delle menti, come de' corpi; e per quanto s'appartiene a' corpi, ella, disapprovando tutte le Fisiche per ipotesi, con una splendida e luminosa maniera ragiona de Principj Metafisici delle naturali cose, seguitando *Pitagora, Platone, Aristotile,* quali sono da *Proclo* gran Filosofo Platonico, dimostrati | in un Libro fatto rado, tradotto da *Francesco Patrizio* col titolo *de' Principjs Physicae Aristotelis geometrice demonstratis* ; la qual dottrina da alcun tempo in qua o si riveriva, come una divinità occulta, o si riferiva, come una riposta erudizione, o si derideva come una vanità. Ma V(ostra) S(ignoria) Ill(ustrissi)ma non usa il metodo mattematico, il quale, non sono figure di linee, o numeri, non porta necessità, e spesso in vece di dimostrar il vero, puo dar'apparenza di dimostrazione al falso, come con lo stesso metodo geometrico *Benedetto Spinoza* impone a cervelli deboli una Metafisica dimostrata, che porta all'Ateismo. Nemmeno vi adoperate le dimostrazioni geometrice, o aritmetiche per somiglianze, come i Filosofi hanno finora usato di fare; ma con istupore| 191p| di chi vi leggerà fate scendere i vostri Principj Metafisici a dimostrare egualmente così le perfezioni de' corpi de quali p(rim)a propietà è la grandezza, come quella degli animi, di cui la maggior propietà è la virtù. E qui mostrate la v(ost)ra aria grande e di Teologo, e di Filosofo, e d'Oratore, ove si sarebbe ogni altro perduto, ch'avendo questo Santissimo Pontefice avuto alcune fiate de' grandi trasporti ch'agli occhi volgari forse han potuto sembrare grandi di fatti; Ella per le di essolui eccedenti copiose, varie, diverse instancabil virtù, avendolo riposto dentro l'ordine universale, nel quale versan gli Eroi, fa vedere questa essere propietà | di eroismo, per quel Principio, ha stabilita, che la Virtù eroica è dentro l'ordine universale, a cui servono talvolta i particolari disordini. E questo è quanto ho potuto io scorgere del v(ost)ro gran pensiero, ch'ella mi comanda, ch'io indovinassi se egli vi sia sincero: se non ho dato al segno, incolpatene non la mia diligenza et attenzione in meditare la v(ost)ra viva Opera, ma la mia poca sagacita, ed acutezza di penetrarla.

Então, desce para refletir sobre os Princípios tanto das mentes quanto dos corpos, e, no que diz respeito aos corpos, o senhor, desaprovando todas as Físicas por hipótese, de uma maneira esplêndida e luminosa reflete acerca dos Princípios Metafísicos das coisas naturais, seguindo *Pitágoras*, *Platão* e *Aristóteles*, como são por *Proclo*, grande Filósofo Platônico, demonstrados em um Livro raro, traduzido por *Francesco Patrizio* com o título *de Principiis Physicae Aristotelis geometrice demonstratis* [*Dos Princípios da Física de Aristóteles demonstrados geometricamente*], cuja doutrina de uns tempos para cá, ou se reverenciava como uma divindade oculta, ou se indicava como uma erudição rebuscada ou se ridicularizava como uma vanidade. Mas Vossa Senhoria Ilustríssima não usa o método matemático, o qual, não fossem as figuras de linhas ou números, não implica necessidade e frequentemente, em vez de demonstrar o verdadeiro, pode dar aparência de demonstração ao falso, tal como *Benedetto Spinoza* com o mesmo método geométrico impõe a cérebros débeis uma Metafísica demonstrada que conduz ao Ateísmo. Tampouco adotais as demonstrações geométricas ou aritméticas por semelhanças, como os Filósofos até agora costumaram fazer; mas, para surpresa daqueles que o lerem, fazeis descer os vossos Princípios Metafísicos para demonstrar igualmente tanto as perfeições dos corpos, das quais a primeira propriedade é a grandeza, quanto aquela dos ânimos, das quais a maior propriedade é a virtude. E, aqui, mostrais o vosso ar elevado tanto de Teólogo, quanto de Filósofo e de Orador, onde qualquer outro teria se perdido, pois, tendo esse Santíssimo Pontífice tido alguns sopros de grandes transportes, que aos olhos vulgares talvez possam parecer grandes de fato, o Senhor, graças às excedentes, copiosas, várias, diversas e incansáveis virtudes dele, tendo-o inserido na ordem universal na qual se encontram os Heróis, revela que essa é propriedade do heroísmo, segundo aquele Princípio que estabeleceu que a Virtude heroica está dentro da ordem universal, a que servem às vezes as desordens particulares. Isso é tudo quanto pude discernir do vosso grande pensamento, que o senhor me pede que veja se é sincero: se não acertei o alvo, não culpeis a minha diligência e atenção ao meditar sobre a vossa viva Obra, mas a minha pouca sagacidade e agudeza para penetrá-la.

La maniera del dire è piena di luce: ed è sostenuta da una fiducia generosa, e da un'asseverazione magnanima lo che assolutamente forma un certo dir da Signore; La copia de' sentimenti è affollata; le parole tutte signoreggiano sulle v(ost)re nuove, rare, e sublimi idee, solche lo stile si conduce con una maestosa semplicità, quale debba essere d'un pur parlante Filosofo. Vi si leggono è vero spesse le agnominazioni, o bisquitti, ma sono essi spontanei, no(n) ricercati, e vogliono no(n) tanto dileticare gli orecchi, quanto piu illuminare le menti de' Leggitori. Io mi rallegro con la n(ost)ra lattina, e con la n(ost)ra Lingua Italiana, che mercè v(ost)ra parola in un suono non già udito e quasi superiore all'umano. Se ella vuole da me, le dica alcuna cosa, che non mi piaccia, egli è solamente il Titolo, che disidera brieve, e schietto, com'hanno usato fare tutti i gravi Scrittori, e che restasse circoscritto cosi: Orazione de *Benedetto XIII nella cui vita si scuopre l'Idea del Cristiano Eroismo.*

A maneira de dizer é plena de luz e é sustentada por uma confiança generosa e por uma asserção magnânima, o que absolutamente forma um certo modo de dizer Senhoril; de uma abundância de sentimentos está carregada; todas as palavras assenhoram-se das vossas novas, raras e sublimes ideias, tal que o estilo se conduz com uma majestosa simplicidade, como deve ser o de um Filósofo bem-falante. Frequentemente leem-se, é verdade, agnominações ou trocadilhos, mas são eles espontâneos, não rebuscados, e pretendem não tanto deleitar os ouvidos, mas sobretudo iluminar as mentes dos Leitores. Eu me alegro com a nossa latina e com a nossa Língua Italiana, que graças a vossa palavra soa de modo já inaudito e quase superior ao humano. Se o Senhor quer que lhe aponte algo que não me agrada, é somente o Título, que se deseja breve e simples, como têm costumado fazer todos os grandes Escritores, e que ficaria assim circunscrito: Oração sobre *Bento XIII, em cuja vida se descobre a Ideia do Heroísmo Cristão*.

[Nápoles, outubro de 1737]

92. A MUZIO GAETA

Godo infinitamente intendere dalla in sommo grado egualmente gentile ed istruttiva Risposta di V(ostra) S(ignoria) Ill(ustrissi)ma, che io abbia abbastanza compreso il nuovo, raro, sublime disegno da essolei condotto nella Orazion Funerale del Sommo Pontefice Benedetto XIII; perocche egli mi ha fatto dilettare del mio scorgimento in intendere profondissime opere, e di gran peso. Ma il voler'ella che io vi scuopressi errori, e vi notassi difetti, cio provviene da due cagioni, una del grande animo vostro, che mi stima da tanto quanto io non sono; l'altra della v(ost)ra gran mente, del qual genere gli Autori architettonici sempre hanno idee piu perfette delle medesime loro quantunque bellissime opere. Nè ve ne faccia punto dubitar quello, che gli Uomini Letterati dieno privatamente assai più vantaggiosi giudizj dell'opere altrui, di quello farebbono, se v'n'avessero pubblicamente a far le censure: perche io così la sento di cotal orazion v(ost)ra, come ne ho scritto che mi recherei a somma gloria, che tal mio giudizio fosse dato pubblicamente alle stampe. Oltrechè | come poteva io non solo non approuvare tutto lo che ivi da V(ostra) S(ignoria) Ill(ustrissi)ma sta divinamente pensato, ma anco non dilettarmene, avendovi Ella meditato in una guisa maravigliosa un compiuto Sistema di Metafisica, d'intorno al quale io molti anni fa, aveva intesi tutti i miei debolissimi sforzi, e ne diedi fuori un libro, ch'era il primo d'un Opera con questo titolo, de Antiquissima Italorum Sapientia ex Linguae Latinae Originibus Eruenda, del quale non se ne hanno più copie, nè appresso di me, come di tutte l'altre mie a riserva sol della Scienza Nuova si truova l'originale. Ivi io travagliava di dimostrare, che l'Uomo è Dio nel Mondo delle grandezze astratte, e Dio è Geometra nel Mondo delle concrete, ch'è tanto dire quanto nel Mondo della Natura, e de' corpi. Poiche la Mente Umana principia la Geometria dal punto ch'è cosa, che non ha parti, e'n conseguenza è infinito;

A MUZIO GAETA

Fico infinitamente feliz em saber, pela Resposta sumamente gentil e instrutiva de Vossa Senhoria Ilustríssima, que eu tenha compreendido suficientemente o novo, raro e sublime desenho pelo senhor conduzido na Oração Fúnebre do Sumo Pontífice Bento XIII, porque ele fez com que eu me deleitasse com o meu discernimento por compreender obras profundíssimas e de grande peso. Mas querer o senhor que eu descobrisse os vossos erros e notasse os vossos defeitos, isso provém de duas causas: uma, do vosso grande ânimo, que me estima além do que sou; a outra, da vossa grande mente, do mesmo gênero dos Autores arquitetônicos, que sempre têm ideias mais perfeitas do que as obras mesmas, embora belíssimas. Não duvide de que os Homens Literatos dão privadamente juízos muito mais vantajosos sobre as obras do que o fariam se tivessem que fazer publicamente as censuras; porque dessa vossa oração eu sinto assim, como escrevi: que chegaria à suprema glória se meu juízo fosse dado publicamente à estampa. Além disso, como poderia eu, não só não aprovar tudo o que nela por Vossa Senhoria Ilustríssima está divinamente pensado, mas também não me deleitar, tendo o Senhor meditado de uma maneira maravilhosa sobre um Sistema de Metafísica completo, em torno do qual eu há muitos anos atrás havia dedicado todos os meus débeis esforços, trazendo à luz um livro que era o primeiro de uma Obra com este título: *de Antiquissima Italorum Sapientia ex Linguae Latinae Originibus Eruenda* [*Da Antiquíssima Sabedoria dos Itálicos Extraída das Origens da Língua Latina*], da qual não há mais cópias, nem comigo se encontra o original, como de todas as outras minhas obras, à exceção somente da *Ciência Nova*. Nela, eu trabalhava para demonstrar que o Homem é Deus no Mundo das grandezas abstratas, e Deus é Geômetra no Mundo das concretas, vale dizer, no Mundo da Natureza e dos corpos. Pois a Mente Humana principia a Geometria pelo ponto, que é coisa que não tem partes e consequentemente é infinito;

onde è quello, che | egregiamente Galileo dice, che quando siamo ridutti a' punti, si perde ogni maggioranza, |197| ogni minoranza, ogni egualità; il perché i circoli concentrici, e i lati de quadrati con le diagonali si segano ne' medesimi punti: e come comincia dall'Infinito, così all'Infinito si porta con quel postulato, che sia lecito di menare in infinito una Linea: dentro di sé contiene gli elementi della grandezza astratta continova, che sono le proposizioni dimostrate di cotal Scienza: ne dispone essa le guise, e disponendole le conosce, e conoscendole fa il Vero geometrico ; tantochè non sol ne Problemi, anco ne' Teoremi nel Geometra, come in Dio, lo stesso è il conoscere, e'l fare: per lo che non si controverte in Mattematica pura; perche colui, col quale ragionate, in udendovi ragionare, fa quello stesso vero, che fate voi. Indi poscia discendo ad esaminare la certezza, e la verità delle scienze subalterne, per quanto più o meno partecipano di tali Principj di Metafisica: lo che V(ostra) S(ignoria) Ill(ustrissi)ma con una maniera non mai più intesa insegna, che | le figure mattematiche sieno figure di linee, o pure di numeri non sono miga già segni capricciosi, e fantastici, ma sì caratteri, e belle idee effettive e reali di quelle nature, che ci producono queste idee, ed io il dissi con meno di efficacia, e di lume, ch'ella si serve delle linee, e de numeri non per somiglianza, come han fatto tutti i Filosofi, e fa discendere i suoi Principj Metafisici egualmente a dimostrare così le perfezioni de' corpi, come quelle degli animi: dissi tutti i Filosofi V(ostra) S(ignoria) Ill(ustrissi)ma no(n) eccettua i Moderi, e più degli altri Malebrance: ma egli il Malebrance confessa e professa la dura necessità, che naturalmente ci preme di spiegare le cose delle Menti per rapporto a quelle de' corpi ; lo che sembra confirmare generalmente il mio detto. Ella usa prima la sintesi per fare l'Idea general del suo Eroe, et poi l'analisi per rincontrare tutti gli eroi nell'Idea generalissima del Principio Archetipo più dimostrato. Questo sì gran momento di cose | della v(ost)ra Opera io confesso, che perdei di veduta, e non iscorsi un grande argomento di v(ost)ra som(m)a, e sovrana lode, c'ha ella trasportato alle cose Morali, e Metafisiche il maraviglioso Organo di Bacone da Verulamio |198p| ,

por isso, Galileu diz egregiamente: quando somos reduzidos a pontos, perde-se todo maior, todo menor, todo igual; eis porque os círculos concêntricos e os lados dos quadrados com as diagonais são cortados nos mesmos pontos, e, como se começa do Infinito, assim ao Infinito se estende, conforme aquele postulado segundo o qual é possível prolongar-se ao infinito uma Linha; e dentro de si contém os elementos da grandeza abstrata contínua, que são as proposições demonstradas de tal Ciência, que lhes dispõem as maneiras e, dispondo-as, conhece-as e, conhecendo-as, faz a Verdade geométrica; tanto que, não apenas nos Problemas, mas também nos Teoremas, no Geômetra como em Deus, o mesmo são o conhecer e o fazer; motivo pelo qual não ocorrem controvérsias em Matemática pura, porque aquele com quem raciocinais, ouvindo-vos raciocinar, faz a mesma verdade que fazeis vós. Em seguida, desço para examinar a certeza e a verdade das ciências subalternas, conforme participem mais ou menos de tais Princípios de Metafísica, o que Vossa Senhoria Ilustríssima ensina, de uma maneira jamais tão bem entendida: que as figuras matemáticas, quer sejam figuras de linhas ou mesmo de números, não são jamais signos caprichosos e fantásticos, mas sim caracteres e belas ideias efetivas e reais daquelas naturezas que essas ideias nos produzem; e eu o disse com menos eficácia e lume, porque o senhor se serve de linhas e de números não por semelhança, como têm feito todos os Filósofos, e faz descerem os seus Princípios Metafísicos para demonstrar igualmente tanto as perfeições dos corpos quanto as dos ânimos; disse todos os Filósofos: Vossa Senhoria Ilustríssima não excetua os Modernos e, mais do que os outros, Malebranche; mas ele, o Malebranche, confessa e professa a dura necessidade que naturalmente nos força a explicar as coisas das Mentes por relação àquelas dos corpos, o que parece confirmar em geral o que eu disse. O senhor usa primeiro a síntese para fazer a Ideia geral de seu Herói, e depois a análise para reencontrar todos os heróis na generalíssima Ideia do Princípio Arquetípico mais demonstrado. Confesso que perdi de vista tão grande momento da vossa Obra e não reparei neste grande argumento do vosso sumo e soberano elogio: que o senhor transportou às coisas Morais e Metafísicas o maravilhoso *Organum* de Bacon de Verulâmio,

c'ha dato cotante discoperte in Fisica, e in Medicina, con usar l'Induzione perchè con essa si facci incetta di particolari come istorie naturali, osservazioni ed esperienze per via della Sintesi; onde si formino poi i Principi generali da riscontrarli per tutta l'estensione de' loro generi. Ho l'ardir d'affermare che le v(ost)re sono digressioni, ch'ella niega di esserlo, ma sono digressioni demosteniche, nel qual maraviglioso disordine consistono i terribili suoi entimemi, che finge uscir dal proposito e tratto tratto va in lontanissime parti dove truova argomenti, che con una felice speditezza d'ingegno al suo proposito fatalmente attaccati i suoi fulmini fa cadere sugli già divertiti uditori tanto più terribili quanto men prevveduti. L'opera poi da V(ostra) S(ignoria) Ill(ustrissi)ma, meditata già innanzi col titolo Idea e Sistema generale delle naturali, e sopranaturali|p verità anzi trasfuga, che trasportata in cotesta orazione la rende piu maravigliosa, perché si unisce la sapienza con l'eloquenza, che fu la favella filosofica ben parlante formata nella Scuola di Socrate, con cui parlarono tutti gli Accademici Antichi Greci, tra' Latini Cicerone, e tra gl'Italiani niun'altro innanzi di V(ostra) S(ignoria) Ill(ustrissi)ma. D'intorno all'argutezze delle voci, ch'ella frequenta, già ne la rimordeva la molta copia: ond'ella potrà lasciarvi le piu necessarie, che sieno insieme le piu naturali. Sto fermo e mi perdoni; priego a perdonarmi di questa Libertà che mi prendo per v(ost)ra gloria ch'ella concepisca il titolo semplice e brieve e perciò, che gliene ho scritto: e perché la novità, la vastità, e la difficulta della proposizione o sbigottirà, o alienerà il Leggitore: mi piacerebbe sì, che ove dissi si *scuopre l'Idea,* si dica si *dimostra l'Idea,* che farebbe un senso doppio assai acconcio per essere l'orazione in g(ene)re dimostrativo, e perche vi si dimostrano i Principj della v(ost)ra dottrina. Le rendo grazie infinite del gentil dono di che V(ostra) S(ignoria) Ill(ustrissi)ma senza alcun mio merito si è degnata onorarmi per mezzo del Ill(ustrissimo) Riv(eritissim)o P(ad)re ... Gaeta degnissimo fratello v(ost)ro.

que tantas descobertas proporcionou em Física e em Medicina ao usar a Indução para fazer a coleta dos particulares, como histórias naturais, observações e experiências por via da Síntese, donde se formam depois os Princípios gerais a serem reencontrados por toda a extensão de seus gêneros. Ouso afirmar que as vossas são digressões, que o senhor nega sê-lo, mas são digressões demostênicas, em cuja maravilhosa desordem consistem seus terríveis entimemas, de modo que finge sair de seu propósito e pouco a pouco vai às partes mais distantes, onde encontra argumentos, e, com uma feliz destreza de engenho, inexoravelmente ligados ao seu propósito, lança os seus relâmpagos, tanto mais terríveis quanto menos previstos, sobre os já distraídos ouvintes. A obra já meditada anteriormente por Vossa Senhoria Ilustríssima com o título *Ideia e Sistema geral das verdades naturais e sobrenaturais*, antes transfundida que transportada nessa oração, torna-a mais maravilhosa, porque une a sabedoria com a eloquência, que foi a linguagem filosófica bem-falante formada na Escola de Sócrates, com a qual falaram todos os Antigos Acadêmicos Gregos, entre os Latinos Cícero e entre os Italianos nenhum outro antes de Vossa Senhoria Ilustríssima. Em relação às argúcias das palavras que o senhor frequenta, já incomodava sua demasiada abundância, de maneira que o senhor poderá deixar as mais necessárias, que sejam ao mesmo tempo as mais naturais. Perdoe-me se me detenho nisso; peço que me perdoe por essa Liberdade que tomo para que o senhor conceba por vossa glória o título simples e breve, tanto por isso que lhe escrevi, quanto porque a novidade, a vastidão e a dificuldade da proposição ou causará espanto ou estranhamento no Leitor; assim, gostaria que onde disse se *descobre a Ideia*, se diga se *demonstra a Ideia*, que faria um duplo sentido bastante adequado, por ser a oração do gênero demonstrativo e porque nela se demonstram os Princípios da vossa doutrina. Agradeço-lhe infinitamente o amável presente com que Vossa Senhoria Ilustríssima, embora eu não mereça, teve a bondade de honrar-me por meio do Ilustríssimo Reverendíssimo Padre... Gaeta, seu digníssimo irmão.

[Nápoles, outubro de 1737]

96. A CARLO DI BORBONE

S(acra) R(eale) M(aestà)

Signore

Gio(van) Battista Vico, Hjstoriografo Regio, e Professor d'Eloquenza ne' Regj Studj, prostrato a piedi della M(aestà) V(ostra), umilmente supplicandola, l'espone, come esso da quaranta e più anni ha servito, e serve in questa Regia Università nella Cattedra di Rettorica, col tenue soldo di cento ducati annui, co' quali miseramente ha dovuto sostentar se, e la sua povera famiglia; e perche ora è giunto in un'età assai avvanzata, ed è aggravato, e quasi oppresso da tutti que' mali, che gli anni, e le continue fatighe sofferte soglion seco portare; e sopra tutto è stretto dall'angustie domestiche, e dalli strapazzi dell'avversa fortuna, da quali sempre, ed ora più che mai troppo crudelmente viene malmenato; quali mali del corpo accompagnati ed uniti a i più potenti, quali sono quelli dell'animo l'hanno réso in uno stato affatto inabile per la vita, non potendo più trascinare il corpo già stanco, e quasi cadente; di maniera che miseramente vive quasi inchiodato in un' letto: per la qual cosa si è veduto nella necessità di sostituire in suo luogo interinamente nella Cattedra della Rettorica un suo figliuolo, per nome Gennaro, il quale da più anni s'ha indossato il peso di questa carica, ed in essa se ne disimpegna con qualche soddisfazione del pubblico, e della gioventù; del che ne può essere bastante pruova il mantenersi l'istessa udienza, e l'istesso concorso di giovani, ch'esso supp(lican)te soleva | avere: e perche esso già si vede in età cadente, e dall'angustie presenti, nelle quali esso, ed i suoi vivono, ne considera, e prevede le maggiori, nelle quali la sua povera famiglia dovrà cadere, cessando esso di vivere: laonde supplica umilmente la Vostra Real Clemenza a volersi degnare con suo Real Ordine di conferire la futura sostituzione propietaria della mentovata Cattedra di Rettorica in persona di G(ennar)o suo figliuolo, acciocche la sua famiglia, dopo la sua mancanza, possa almeno avere un qualche ricovero, donde in qualche maniera possa tener da se lontana una brutta e vergognosa povertà, nella quale certamente anderà a cadere; e lo riceverà dalla Vostra Real Munificenza a grazia ut deus.

Epistolário – Cartas escolhidas

A CARLO DI BORBONE

Sacra Real Majestade

Senhor,

Giambattista Vico, Historiógrafo Régio e Professor de Eloquência nos Régios Estudos, prostrado aos pés de Vossa Majestade, suplicando-lhe humildemente, expõe-lhe como esse por quarenta e tantos anos serviu e serve a esta Régia Universidade na Cátedra de Retórica com um tênue soldo de cem ducados anuais, com os quais miseravelmente teve que sustentar a si e a sua pobre família; e, porque agora chegou a uma idade muito avançada, e acha-se agravado e quase oprimido por todos aqueles males que os anos e as fadigas contínuas sofridas costumam trazer consigo, e está sobretudo pressionado pelas angústias domésticas e pelas agruras da adversa fortuna, pelas quais sempre, e agora mais do que nunca, é cruelmente maltratado, e como os males do corpo, acompanhados e unidos àqueles mais potentes, que são os do ânimo, deixaram-no em um estado completamente inábil para a vida, não podendo mais arrastar o corpo já cansado e quase cadente, de maneira que miseravelmente vive quase pregado em uma cama, por isso se viu na necessidade de substituir em seu lugar interinamente na Cátedra de Retórica um filho seu, de nome Gennaro, que há alguns anos assumiu o peso deste cargo e desempenha-o com alguma satisfação do público e da juventude, o que pode ser suficientemente provado por manter-se a mesma audiência e a mesma adesão de jovens que esse suplicante costumava ter; e, porque ele já se vê em idade cadente, com base nas angústias presentes que ele e a sua família vivem, considera e prevê as ainda maiores em que a sua pobre família deverá cair, deixando esse de viver; razão pela qual suplica humildemente que a Vossa Real Clemência queira dignar-se com a sua Real Ordem a conferir a futura substituição proprietária da mencionada Cátedra de Retórica na pessoa de Gennaro, seu filho, para que sua família, após a sua ausência, possa ao menos ter algum abrigo, com o qual possa de alguma maneira manter longe de si uma bruta e vergonhosa pobreza em que certamente irá cair; e o receberá da Vossa Real Munificência por graça *ut Deus*.

[Nápoles, fim de 1740]

SCRITTI VARI

Escritos menores

PER L'OPERA: DI VINCENZO GRAVINA *TRAGEDIE CINQUE* (IN NAPOLI, NELLA STAMPERIA DI FELICE MOSCA, MDXII).

[Al conte Carlo Borromeo, viceré di Napoli]

Eccellentissimo signore, ho letto, per comando di Vostra Eccellenza, il libro il cui titolo è: *Tragedie di Vincenzo Gravina giureconsulto,* nel quale non ho alcuna cosa notato che offenda la regal giurisdizione o i civili costumi. Anzi vi osservo che il dottissimo autore con maravigliosa facilitá fa discendere nell'intendimento del teatro gli altissimi sensi della piú riposta filosofia, che è il principal fine della poesia utile alle repubbliche; e, faccenda signoreggiar la vera imitazion sopra l'arte, la quale è fatta tutta per la vera imitazione, ci fa avvertire le collere e le querele de' grandi non dover essere iscompagnate da un propio lor contegno e da una signoril gravità. Ma, ciò che piú importa, non seguendo egli da artefice i precetti, ma riflettendo da filosofo al fine dell'*Arte* – perché ella fu scritta acconcia alle gentili repubbliche, le quali non volevano che le passioni si stupidissero né si sfrenassero, perché, per le passioni moderate, i cittadini operassero ben, appruovavano i mediocri suggetti delle tragedie; ma, tra noi cristiani non avendo termine l'orrore del vizio e la virtú essendo tutta riposta in patire, – esso gli ha scelto estremi e, dovunque può, desta abbominazione de' rei costumi della cieca gentilita e contro a' vizi de' grandi che rovinano gli Stati. Nell'istesso tempo espone in mostra maravigliose virtú altrui che gli conservano, acciocché i prencipi, come in uno specchio posto all'ombra di maggior lume, piú chiaramente si ravvisino buoni o si ravvedan cattivi.

E per tutto ciò lo stimo degnissimo delle stampe, purché cosí piaccia a Vostra Eccellenza.

Napoli, 10 settembre 1712.
    Di Vostra Eccellenza
        umilissimo servo
            Giambattista Vico

PARECER: *CINCO TRAGÉDIAS* DE VINCENZO GRAVINA (EM NÁPOLES, À ESTAMPA DE FELICE MOSCA, MDXII)

[Ao Conde Carlo Borromeo, vice-rei de Nápoles]

Excelentíssimo senhor, li por ordem de Vossa Excelência o livro cujo título é *Tragédias de Vincenzo Gravina jurisconsulto*, no qual não notei coisa alguma que ofenda a jurisdição real ou os costumes civis. Em vez disso, observo nele que o doutíssimo autor com maravilhosa facilidade faz descer ao entendimento do teatro os altíssimos sentidos da mais refinada filosofia, que é o principal fim de uma poesia útil às repúblicas; e, fazendo a verdadeira imitação assenhorear a arte, que é toda feita para a verdadeira imitação, nos adverte que as cóleras e as querelas dos grandes não devem estar desacompanhadas da sua maneira própria e de uma senhoril gravidade. Mas o que mais importa, não obedecendo ele como artífice os preceitos, mas refletindo como filósofo sobre os fins da *Arte* – porque ela foi escrita em conformidade com as repúblicas gentias que não queriam que as paixões se embrutecessem, nem se desenfreassem, e, para que com as paixões moderadas os cidadãos agissem bem, aprovavam os sujeitos medíocres das tragédias; mas, entre nós cristãos, não tendo termo o horror ao vício e estando toda a virtude reservada ao sofrer –, ele escolheu os seus extremos e, onde pode, desperta a abominação dos perversos costumes da cega gentilidade e contra os vícios dos grandes que arruínam os Estados. Ao mesmo tempo, põe à mostra as maravilhosas virtudes de outros que os conservam, para que os príncipes, como em um espelho posto à sombra da maior luz, mais claramente se distingam como bons ou se arrependam como maus.

Por tudo isso, estimo-lhe digníssimo da estampa, desde que assim agrade à Vossa Excelência.

Nápoles, 10 de setembro de 1712
    De Vossa Excelência
        humilíssimo servo
            Giambattista Vico

PREFAZIONE
ALLE RIME SCELTE DI GHERARDO DE ANGELIS
Stampate con la data di Firenze 1730

G.B. Vico al Leggitore

Il signor De Angelis quattro suoi Canzonieri, che a lui giovinetto avevano conciliato la stima de' dotti uomini, ha in buona parte soppressi, ed in poca rimastavi ha migliorati e contornati ad una forma più luminosa. Lo che certamente, o cortese leggitore, dovratti recar meraviglia, che non essendo in lui ancora, non diciam raffreddato, ma intiepidito l'ardor dell'invenzione, e invenzion giovanile, il qual fervendo rappresenta le opere troppo conformi all'idee, dalla qual conformazione, e non altronde, nasce il compiacimento, egli con senil maturezza di senno abbia potuto sconoscere tali suoi nobili parti d'ingegno di fresco nati, i quali naturalniente non si sconoscono che per lunga età dagli autori già fatti vecchi. Ma cesserai di maravigliartene, se sarai persuaso dell'altezza dell'animo, che è 'l fomento onde s'accende l'estro che debbe infiammare lo stil sublime, com la quale l'autore, disprezzando tutto ciò che suol ammirare il volgo, e in conseguenza ogni dottrina o vana o falsa che si appaga sull'ammirazione del volgo, le lodi di essi dotti egli non ha per meta, ma per incentivi e sproni al corso che tiene verso la vera gloria. Maraviglia bensì dovrà cagionarti che egli ha ciò fatto, ove abbia avuto alcun brieve tempo di rallentar l'animo dagli studj severi e gravi o della scienza in Divinitá, o da' lavori delle sacre Orazioni, le quali ora da lui recitandosi, tanta lode gli acquistano appresso i saccenti, quanta glien'aveano recato le poesie. Perchè le cose della nostra Teologia, che superano ogni senso ed ogni imaginazione, di troppo spossano la poetica facultà, la quale allora è più grande ove più vivamente sente ed imagina; ed appo i Greci e i Latini furono così stabilmente divisi e fermi e religiosamente osservati i confini dell'Eloquenza e della Poesia, che non vi ha pur uno ch'avessevi scritto ed orazioni e poemi; e di Cicerone, che volle osarlo, vennero in tanto discredito, che francamente da Giovenale sono motteggiati, *ridenda poemata*.

PREFÁCIO
ÀS RIMAS SELECIONADAS DE GHERARDO DE ANGELIS
Dada à estampa em Florença com a data de 1730

G.B. Vico ao Leitor

O senhor De Angelis quatro Cancioneiros seus, que lhe granjearam, quando jovenzinho, a estima de homens doutos, em boa parte suprimiu-os e o pouco que restou melhorou e contornou com uma forma mais luminosa. O que certamente, ó cortês leitor, deverá provocar-te maravilha é que, não sendo nele ainda, não diríamos arrefecido, mas amornado o ardor da invenção, e invenção juvenil, que, fervendo, representa as obras por demais conformes às ideias, de cuja conformação, e não de outra maneira, nasce a satisfação, ele, com uma sensatez madura e anciã, foi capaz de ignorar esses seus nobres partos de engenho recém-nascidos, os quais naturalmente não são ignorados senão com a longa idade por autores já envelhecidos. Mas deixarás de maravilhar-te, se fores persuadido de sua elevação de ânimo, que é o fomento donde se acende o estro que deve inflamar o estilo sublime, com a qual o autor, desprezando tudo que costuma admirar o vulgo e consequentemente toda doutrina vã ou falsa que se satisfaça com a admiração do vulgo, os elogios desses Doutos ele tem, não como meta, mas como incentivos ou estímulos para seguir o curso rumo à verdadeira glória. Maravilha, na verdade, deverá causar-te que ele tenha feito isso no breve tempo em que pôde serenar o ânimo dos estudos severos e graves da ciência sobre a Divindade, ou dos trabalhos com as Orações sacras, que, sendo agora por ele recitadas, tanto elogio conquistam entre os sabidos, quanto lhe haviam proporcionado as poesias. Porque as coisas da nossa Teologia, que superam todo sentido e toda imaginação, esgotam demais a faculdade poética, que então é maior quando mais vivamente sente e imagina; e entre os Gregos e Latinos foram tão estavelmente divididos, firmados e religiosamente observados os confins da Eloquência e da Poesia, que não há um sequer que tivesse escrito Orações e Poemas: as de Cícero, que quis ousá-lo, caíram em tanto descrédito, que foram por Juvenal abertamente ridicularizadas como *ridenda Poemata* [*Poemas risíveis*].

Cagion di ciò ella fu, perchè vivendo esse lingue, e regnando le medesime in republiche popolari , e perchè la lingua de' poeti dovendo esser diversa dalle volgari de'popoli, onde Ciceron disse *poetae aliena*, o, come meglio altri leggono, *alia lingua loquuntur*, per quella eterna proprietà uscente dalla natura di essa poesia, ritrovata nella *Scienza Nuova*, ch'ella fu un parlar naturale de' popoli eroici, i quali fiorirono innanzi di formarsi le lingue volgari, perciò gli oratori si guardarono a tutto potere di comporre in versi per timore che nelle dicerie non cadesse loro inavvedutamente di bocca alcuna espressione la quale, perchè non volgare, offendesse il popolo, che voleva ben essere informato delle cause le quali si trattavano, e dei motivi onde doveva più in una che in altra forma comandarle: per la cui contraria ragione i poeti erano naturalmente vietati di esercitare l'Arte Oratoria. Ma, quantunque ora nell'Italia non vi sia tal timore, perchè la lingua della prosa oggi è una lingua comune de' soli dotti , o gli Stati vi sono quasi tutti monarchici, ove non ha molto che far l'eloquenza, per ciò che ne avvisa l'Autore del dialogo *De Caussis corruptae eloquentiae*, sia egli Quintiliano o Tacito, pur dura tal distinzion di confini, che tra tutti appena due vi han lavorato orazioni e poesie egualmente grandi, Giovanni Casa e Giulio Camillo Delminio . Cotal riflessione ti può dare certo argomento, o leggitore, che 'l nostro valoroso giovane abbia a riuscire anche un grande predicatore. Ciò finora si è detto per quello riguarda l'ingegno, la facultà e 'l giudizio dell'Autore; mi rimane poco a dire per approvartene il costume. Egli aveva ciò fatto per tranquillare la coscienza delle sue cognizioni, e veder privatamente tutti i suoi componimenti vestiti d'un color più conforme di stile. Ma gli amici, i quali sopra il di lui animo naturalmente gentile ed ossequioso posson molto e per amicizia e per autorità, co' conforti e co' prieghi l'hanno spinto, che lasciasse di nuovo uscirli per le stampe. Non è per ciò che contengano cose le quali sconvengano al suo presente più degno stato;

e pochissimi componimenti, fatti da lui nella più fervida etade, pur da sensi onestissimi sono avvivati. Vivi felice.

A razão disso foi porque, vivendo essas línguas e reinando as mesmas em repúblicas populares, e porque, devendo a língua dos poetas ser diversa das vulgares dos povos, razão pela qual Cícero disse *Poetae aliena* [*Poetas forasteiros*], ou como outros leem melhor, *alia lingua loquuntur* [*falam outra língua*], pela eterna propriedade decorrente da natureza da poesia, descoberta na *Ciência Nova*, é porque foi ela um falar natural dos povos heroicos que floresceram antes de formarem-se as línguas vulgares; por isso, os oradores evitaram o quanto puderam compor em verso, por temor de que nos discursos não caísse inadvertidamente na boca alguma expressão que, porque não vulgar, ofendesse o povo, que queria ser bem-informado das causas tratadas e dos motivos por que devia comandá-las mais de uma forma do que de outra; pela razão contrária, os poetas eram naturalmente proibidos de exercitar a Arte oratória. Mas ainda que agora na Itália não haja tal temor, porque a língua da prosa hoje é uma língua comum somente aos Doutos e os Estados são quase todos monárquicos, quando a eloquência não tem muito o que fazer, pelo que adverte o Autor do diálogo *De caussis corruptae eloquentiae* [*Das causas da corrupção da eloquência*], seja ele Quintiliano ou Tácito, dura ainda tal distinção de confins, de modo que entre todos apenas dois elaboraram Orações e Poesias igualmente grandes: Giovanni Casa e Giulio Camillo Delminio. Tal reflexão pode dar-te, ó leitor, um argumento certo de que o nosso valoroso jovem pode também sair-se bem como grande pregador. Isso que até agora foi dito toca ao engenho, à faculdade e ao juízo do Autor. Resta-me pouco a dizer para provar-lhe o costume. Ele havia feito isso para tranquilizar a consciência das suas cognições e ver privadamente todas as suas composições vestidas de uma cor mais conforme ao estilo. Mas os amigos, que sobre o seu ânimo naturalmente gentil e obsequioso podem muito por amizade ou autoridade, com confortos e súplicas o estimularam a deixá-los ser de novo publicados. Não é por isso que contêm coisas inconvenientes ao seu presente e mais digno estado, e pouquíssimas composições feitas por ele na mais férvida idade foram avivadas por honestíssimos sentidos. Vive feliz.

GIUDIZIO SOPRA DANTE

(Dopo il 1732)

La Comedia di Dante Allighieri ella è da leggersi per tre riguardi: e d'istoria de' tempi barbari dell' Italia, e di fonte di bellissimi parlari toscani, e di esempio di sublime poesia. Per ciò che si attiene al primo, egli sta così dalla natura ordinato e disposto, che per una certa uniformità di corso che fa la mente comune delle nazioni sul cominciare ad ingentilirsi la lor barbarie, la qual è per natural costume aperta e veritiera perchè manca di riflessione – la quale applicando a male, è l'unica madre della menzogna – i poeti vi cantino istorie vere. Così nella *Nuova Scienza d'intorno alla Natura delle Nazioni* abbiamo Omero essere il primo storico della Gentilità, lo che più si conferma nelle Annotazioni da noi scritte a quell'opera, nelle quali l'abbiam trovato affatto altro da quell'Omero il qual finora è stato da tutto il mondo creduto; e certamente il primo storico de' Romani a noi conosciuto fu Ennio, che cantò le guerre cartaginesi: agli stessi esempli il primo o tra' primi degl'istorici italiani egli si fu il nostro Dante. Ciò ch'egli nella sua Comedia mescolò di poeta, è che narra i trapassati secondo i meriti di ciascuno allogati o nell' Inferno o nel Purgatorio o nel Paradiso; e quivi, qual poeta debba – *sic veris falsa remiscet* – per essere un Omero od un Ennio convenevole alla nostra cristiana religione, la qual c'insegna i premj e i castighi delle nostre buone o cattive operazioni essere, più che i temporali, gli eterni. Talchè le allegorie di tal poema non sono più di quelle riflessioni che dee far da sè stesso un leggitore d'istoria, di trarvi profitto dagli altrui esempli. – Il secondo riguardo per lo quale Dante è da leggersi, è ch'egli è un puro e largo fonte di bellissimi favellari toscani: nella qual cosa non è ancor soddisfatto di un profittevol commento, per quello stesso che dicesi volgarmente che Dante v'abbia raccolto i parlari di tutti i dialetti d'Italia: la qual falsa opinione non ha potuto che indi provenire, perchè al cinquecento, che dotti uomini si diedero a coltivare la toscana favella che si era in Firenze parlata al trecento, che fu il secolo d'oro di cotal lingua, osservando essi un gran numero di parlari in Dante, de' quali non avevano affatto rincontri da altri toscani scrittori; ed altronde riconoscendone per fortuna molti ancor vivere per le bocche di altri popoli dell'Italia,

JUÍZO SOBRE DANTE

(Após 1732)

A *Comédia* de Dante Alighieri, ela deve ser lida por três aspectos: de história dos tempos bárbaros da Itália, de fonte de belíssimos falares toscanos e de exemplo de sublime poesia. Nisso que diz respeito ao primeiro, ele está pela natureza ordenado e disposto, de tal modo que, por uma certa uniformidade do curso que faz a mente comum das nações ao começar a polir sua barbárie, que é por natural costume aberta e verdadeira, porque destituída de reflexão, que, mal aplicada, é a única mãe da mentira, os poetas cantam histórias verdadeiras. Assim, na *Nova Ciência sobre a Natureza das Nações,* temos Homero como o primeiro historiador da Gentilidade, o que melhor se confirma nas Anotações escritas por nós àquela obra, nas quais o encontramos de fato bem diferente daquele Homero até agora crido por todo mundo; e certamente o primeiro historiador dos Romanos por nós conhecido foi Ênio, que cantou as guerras cartaginesas; pelos mesmos exemplos, o primeiro ou um dos primeiros historiadores italianos foi o nosso Dante. Isso que ele em sua *Comédia* misturou como poeta é que narra os mortos conforme os méritos de cada um, alojados, ou no Inferno, ou no Purgatório, ou no Paraíso; e aí, como poeta, deve *sic veris falsa remiscet* [assim misturar o falso com o verdadeiro], para ser um Homero ou um Ênio convenientes à nossa religião cristã, que nos ensina que os prêmios e os castigos das nossas boas ou más operações são, mais do que os temporais, os eternos. Tal que as alegorias de tal poema não são mais do que reflexões que deve fazer por si mesmo um leitor de história: tirar proveito dos exemplos alheios. O segundo aspecto pelo qual Dante deve ser lido é que ele é uma pura e larga fonte de belíssimos linguajares toscanos; no que carece de um proveitoso comentário sobre isso mesmo que se diz vulgarmente, que Dante tenha recolhido os falares de todos os dialetos de Itália: essa falsa opinião só pôde surgir, porque no século XVI, quando homens doutos dedicaram-se a cultivar a linguagem toscana falada em Florença no século XIV, que foi o século de ouro de tal língua, observando eles um grande número de falares em Dante, dos quais não havia realmente correspondentes em outros escritores toscanos, e, por outro lado, reconhecendo que por acaso muitos deles viviam ainda pelas bocas de outros povos da Itália,

credettero che Dante li avesse indi raccolti e nella sua Comedia portati: che è lo stesso fato appunto che avvenne ad Omero, il quale quase tutti i popoli della Grecia vollero che fusse lor cittadino, perchè ciascun popolo ne' di lui poemi ravvisava i suoi natii ancor viventi parlari. Ma si fatta opinione ella è falsa per due ragioni gravissime: la prima, perchè doveva pure in quei tempi Firenze avere la maggior parte de' parlari comuni con tutte le altre città dell'Italia, altrimenti l'italiana favella non sarebbe stata comune anco alla fiorentina; la seconda è che in que' secoli infelici non ritrovandosi scrittori in volgari idiomi per le altre città dell'Italia, come in effetto non ce ne sono pervenuti, non bastava la vita di Dante per apprender le lingue volgari da tanti popoli, onde nel comporre la sua Comedia avesse avuto poi pronta la copia di quei parlari che a lui facevano d'uopo per ispiegarsi. Onde sarebbe mestieri agli Academici della Crusca che mandassero per l'Italia un catalogo di si fatte voci e parlari, e dagli ordini bassi della città, che meglio de' nobili e degli uomini di corte, e molto più da' contadini che meglio de' più bassi ordini delle città conservano i costumi ed i linguaggi antichi, ed indi informarsi quanti e quali ne usassero, e in che significazione l'usassero, per averne essi la vera intelligenza. – Il terzo riguardo perchè è Dante da leggersi, è per contemplarvi un raro esempio di um sublime poeta. Ma questa è la natura della sublime poesia, ch'ella non si fa apprender per alcun'arte. Omero è il più sublime poeta di quanti mai appresso gli son venuti; nè ebbe alcun Longino innanzi che gli avesse dato precetti di poetica sublimità. E gli stessi principali fonti che ne dimostra Longino, non si possono gustare se non se da coloro a' quali è stato conceduto e dato in sorte dal Cielo. Sono essi li più sacri e li più profondi non più che due: primo, altezza di animo, che non curi altro che gloria ed immortalità, onde disprezzi e tenga a vile tutte quelle cose che ammiransi dagli uomini avari, ambiziosi, molli, delicati e di femineschi costumi; secondo, animo informato di virtù publiche e grandi, e sopra tutte di magnanimità e di giustizia, come senz'alcun'arte, ed in forza della sublimie educazione de' fanciulli ordinata loro da Licurgo, gli Spartani, i quali per legge eran proibiti saper di lettera, davano tutto giorno e volgarmente in espressioni cotanto sublimi e grandi, che ne farebbono pregio i più chiari poeti eroici e tragici darne di poche simiglianti ne' loro poemi.

creram que Dante os tivesse então recolhido e transportado para sua Comédia; o mesmo destino que justamente teve Homero, que quase todos os povos da Grécia quiseram que fosse cidadão seu, pois cada povo em seus poemas reconhecia os seus nativos e ainda viventes falares. Mas tal opinião, ela é falsa por duas gravíssimas razões: a primeira, porque naqueles tempos Florença devia possuir a maior parte dos falares comuns a todas as outras cidades da Itália; de outro modo, a linguagem italiana não teria sido comum também à florentina; a segunda é que naqueles séculos infelizes, não se encontrando escritores em idiomas vulgares pelas outras cidades da Itália, como de fato não nos chegaram, não bastava a vida de Dante para aprender as línguas vulgares de tantos povos, de modo que ao compor sua *Comédia* tivesse então pronta a abundância daqueles falares que a ele se faziam necessários para explicar-se. Assim, seria mister aos Acadêmicos da Crusca que mandassem pela Itália um catálogo de tais sortes de vocábulos e falares, para, com base nas classes baixas da cidade, que melhor do que os nobres e do que os homens de corte, e muito mais com base nos camponeses, que melhor do que as classes mais baixas da cidade conservam os costumes e as linguagens antigas, a partir daí, então, informar-se sobre quantos e quais desses usassem e com quais significações os usassem, para que tivessem deles o verdadeiro entendimento. O terceiro aspecto por que Dante deve ser lido é por se contemplar nele um raro exemplo de um sublime poeta. Mas esta é a natureza da sublime poesia: que ela não se deixa aprender por nenhuma arte. Homero é o mais sublime poeta de quantos depois vieram e não teve nenhum Longino antes que lhe tivesse dado preceitos de sublimidade poética. E as próprias fontes principais que demonstra Longino não podem ser desfrutadas senão por aqueles aos quais isso foi concedido e sorteado pelo céu. São elas, as mais sacras e as mais profundas, não mais do que duas: a primeira, a elevação de ânimo, que não cuida senão da glória e da imortalidade e por isso despreza e tem por vil todas aquelas coisas admiradas pelos homens avaros, ambiciosos, moles, delicados e de costumes femininos; a segunda, o ânimo formado por virtudes públicas e grandiosas, e sobretudo pela magnanimidade e pela justiça, tal como sem nenhuma arte e por força da sublime educação das crianças ordenada por Licurgo os Espartanos, por lei proibidos de saber de letras, diziam todo dia e vulgarmente expressões tão sublimes e grandiosas, que os mais brilhantes poetas heroicos e trágicos têm o mérito de ter umas poucas semelhantes em seus poemas.

Ma quello che è più proprio della sublimità di Dante, egli fu la sorte di nascer grande ingegno nel tempo della spirante barbarie d'Italia; perchè gl'ingegni umani sono a guisa de' terreni, i quali per lunghi secoli incolti, se finalmente una volta riduconsi alla coltura, danno sul bel principio frutti e nella perfezione e nella grandezza e nella copia meravigliosi; ma stanchi di essere tuttavia più e più coltivati, li danno pochi, sciapiti e piccoli. Che è la cagione perchè nel finire de' tempi barbari pervennero un Dante nella sublime, un Petrarca nella delicata poesia, un Boccaccio nella leggiadra e graziosa prosa; esempi tutti e tre incomparabili che si debbono in ogni conto seguire, ma non si possono a patto alcuno raggiungere; ma de' tempi nostri coltissimi si lavorano delle belle opere d'ingegno, nelle quali altri possono ergersi in isperanza, non che di raggiungerli, di avanzarli. A tutto ciò, cred'io, avendo avuto riguardo N. N. ha scritto le presenti Annotazioni alla Comedia di Dante, nelle quali con quel difficil nesso di chiarezza e di brevità fa verisimile la storia delle cose, fatti, o persone che vi si mentovano dal poeta; spiega con ragionevolezza i di lui sentimenti, onde si può venire in cognizione della bellezza o leggiadria, dell'ornamento o dell'altezza de' di lui parlari; che è la maniera più efficace per conseguire la lingua de' buoni scrittori, con entrare nello spirito di ciò che han sentito, e che essi han voluto dire; onde nel cinquecento per tal via riuscirono tanti chiarissimi scrittori latini ed in prosa ed in verso, innanzi di celebrarsi i Calepini e tanti altri Dizionarj: tralascia ogni morale e molto più altra scienziata allegoria: non vi si pone in catedra a spiegare l'Arte poetica; ma tutto si adopera che la gioventù il legga con quel piacere che gustano le menti umane, ove senza pericolo di nausearsi apparano molto in breve da' lunghi commenti, nei quali i commentatori a disagio sogliono ridurre tutto ciò ch'essi commentano. Perciò le stimo utilissime in questa età particolarmente, nella quale si vuol sapere il proprio delle cose con nettezza e facilità.

Mas aquilo que é mais próprio da sublimidade de Dante é que ele teve a sorte de nascer grande de engenho no tempo da expirante barbárie da Itália, porque os engenhos humanos são como os terrenos, os quais, por longos séculos incultos, se finalmente uma vez são reduzidos à cultura, dão no princípio belos frutos, em perfeição, em grandeza e em abundância maravilhosos; mas, cansados de ser, todavia, mais e mais cultivados, dão poucos, insípidos e pequenos. Que é a razão por que no findar dos tempos bárbaros surgiram um Dante na sublime, um Petrarca na delicada poesia, um Boccaccio na elegante e graciosa prosa; exemplos todos os três incomparáveis, que se deve a todo custo seguir, mas não se pode de modo algum alcançar; em nossos tempos cultíssimos, porém, se elaboram belas obras de engenho sobre as quais outros podem erguer-se na esperança, não só de alcançá-los, mas de superá-los. Tendo em conta tudo isso, creio eu, N. N. escreveu as presentes Anotações à *Comédia* de Dante, nas quais, com aquele difícil nexo de clareza e brevidade: torna verossímil a história das coisas, dos fatos ou das pessoas que foram mencionados pelo poeta; explica com razoabilidade os seus sentimentos, de modo que se pode chegar ao conhecimento da beleza ou elegância, do ornamento ou da elevação dos seus falares, que é a maneira mais eficaz de conseguir a língua dos bons escritores, entrando no espírito disso que sentiram e que eles quiseram dizer; motivo pelo qual no século XVI por essa via tiveram sucesso tantos brilhantíssimos escritores latinos em prosa e verso, antes de se celebrar os *Calepinos* e muitos outros Dicionários; deixa de lado toda moral e sobretudo científica alegoria; não se mete na cadeira a explicar a Arte poética, mas tudo é feito para que a juventude o leia com aquele prazer que saboreiam as mentes humanas, quando, sem perigo de nausearem-se aprendem brevemente muito a partir de longos comentários, nos quais os comentadores inoportunamente costumam reduzir tudo isso que eles comentam. Por isso, estimo-as utilíssimas nesta época particularmente, em que se quer saber o próprio das coisas com clareza e facilidade.

GIUDIZIO
INTORNO ALLA GRAMMATICA
DI ANTONIO D'ARONNE

La Metafisica è una scienza la quale ha per oggetto la mente umana. Ond'ella si stende a tutto ciò che può giammai pensar l'uomo. Quindi ella scende ad illuminare tutte le arti e le scienze che compiono il subietto dell'umana sapienza. Le prime tra queste sono la Grammatica e la Logica: l'una che dà le rego le del parlar dritto, l'altra del parlar vero. E perchè per ordine di natura dee precedere il parlar vero al parlar dritto, perciò con generoso sforzo Giulio Cesare della Scala, seguitato poi da tutti i migliori Grammatici che gli vennero dietro, si diede a ragionare delle cagioni della lingua latina co' principj di Logica. Ma in ciò venne fallito il gran disegn, con attaccarsi a' principj di Logica che ne pensò un particolare uomo filosofo, cioè colla Logica di Aristotele, i cui principj, essendo troppo universali, non riescono a spiegare i quasi infiniti particolari che per natura vengono innanzi a chiunque vuol ragionare di una lingua. Onde Francesco Sanzio, che con magnanimo ardire gli tenne dietro nella sua Minerva, si sforza colla sua famosa *Ellissi* di spiegare gl'innumerabili particolari che osserva nella lingua latina, e con infelice successo, per salvare gli universali principj della Logica di Aristotele, riesce sforzato e importuno in uma quasi innumerabile copia di parlari latini, dei quali crede supplire i leggiadri ed eleganti difetti che la lingua latina usa nello spiegarsi. Ma il quanto acuto tanto avveduto autore di questa novella Grammatica ha ridotto tutte le maniere di pensare, che nascer mai possono in mente umana intorno la Sostanza, e le innumerabili varie diverse Modificazioni di essa, a certi principj metafisici così utili e comodi, che si ritrovano avverati in tutto ciò che la Grammatica latina propone nelle sue regole e nelle sue eccezioni. Il frutto di una si fatta Grammatica è grandissimo, perchè il fanciullo, senz'avvedersene, viene informato di una Metafisica, per dir cosi, pratica, con cui rende ragione di tutte le maniere del suo pensare; appunto come colla Geometria i giovani, pur senz'avvedersene, apprendono un abito di pensar ordinatamente. Per tutto ciò, secondo il mio debole e corto giudizio, stimo questa Grammatica degna della publica luce, siccome quella che porta seco una discoverta di grandissimi lumi alla republica delle lettere.

JUÍZO
EM TORNO DA GRAMÁTICA
DE ANTONIO D'ARONNE

A Metafísica é uma ciência que tem por objeto a mente humana, a partir de onde ela se estende a tudo isso que o homem pode alguma vez pensar. Assim, ela desce para iluminar todas as artes e as ciências que compõem o assunto da humana sabedoria. As primeiras dentre essas são a Gramática e a Lógica: uma, que dá as regras do falar direito, a outra, do falar verdadeiro. E porque, por ordem da natureza, o falar verdadeiro deve preceder ao falar com retidão, por isso, com generoso esforço, Giulio Cesare della Scala, seguido então por todos os melhores Gramáticos que vieram depois dele, pôs-se a raciocinar sobre as causas da língua latina com os princípios de Lógica. Mas nisso falhou o seu grande desenho, ao se associar aos princípios de Lógica que um Filósofo e homem particular pensou, isto é, à lógica de Aristóteles, cujos princípios, por serem muito universais, não conseguem explicar os quase infinitos particulares que por natureza vêm diante de qualquer um que queira raciocinar sobre uma língua. Motivo pelo qual Francesco Sanzio, que com magnânima ousadia lhe seguiu na sua *Minerva*, se esforça com a sua famosa *Elipse* por explicar os inumeráveis particulares que observa na língua latina; e com um infeliz resultado, para salvar os princípios universais da Lógica de Aristóteles, com os quais crê compensar os graciosos e elegantes defeitos que a língua latina pratica ao explicar-se, acaba se tornando forçado e inoportuno em uma abundância quase inumerável de falares latinos. Mas o tão agudo quanto sensato Autor dessa nova Gramática reduziu todas as maneiras de pensar que podem de algum modo nascer na mente humana a respeito da Substância e das suas inumeráveis, variadas e diversas modificações a certos princípios metafísicos, tão úteis e cômodos, que se acham demonstrados em tudo isso que a Gramática latina propõe em suas regras e em suas exceções. O fruto de uma tal Gramática é grandiosíssimo, porque a criança, sem se dar conta, é informada sobre uma Metafísica, por assim dizer, prática, com a qual explica de todas as maneiras o seu pensar, precisamente como, com a Geometria, os jovens, mesmo sem se dar conta disso, aprendem o hábito de pensar ordenadamente. Por tudo isso, segundo o meu débil e curto juízo, estimo esta Gramática digna da pública luz, porque traz consigo uma descoberta de grandíssimas luzes para a república das letras.

DISCORSO
PER UN'ANNUALE APERTURA DELL'ACADEMIA ISTITUITA POR D. NICCOLÒ SALERNI
(1736)

Questo nome Academia, che abbiamo preso da' Greci per significare un comune d'uomini letterati uniti insieme affin di esercitare gli ingegni in lavori di erudizione e dottrina, egli sembra che con più proprietà di origine non si convenga ad altra che a questa nobilissima ragunanza. Imperciocchè le altre o sono state istituite per recitarvi discorsi d'intorno a' singolari problemi appesi all'arguta bilancia di contraposti, o per disaminarvi particolari argomenti o di lingue o di esperienze . Ma l'Academia fondata da Socrate era un luogo dov'egli con eleganza, con copia, con ornamenti ragionava di tutte le parti dell'umano e divin sapere, siccome in questa è ordinato che gli Academici con colte, abondanti ed ornate dissertazioni vadano scorrendo tutto l'ampio campo della sapienza. Talchè quest'Academia può dirsi quella dove Socrate ragionava . Un tale ordenamento reca primieramente quella grandissima utilità, che quantunque i gentili spiriti i quali vi si radunano, essi o per diletto o vero per professione sieno applicati ad un particolare studio di lettere , però in si fatti congressi vengonsi col tempo a fornire di tutte le cognizioni che fan bisogno ad un sapiente compiuto. Di poi, ciò che importa assaissimo, vi si ricompongono col loro natural legame il cuore e la lingua, che Socrate,

> Pien di filosofia la lingua e 'l petto,

teneva strettamente congiunti insieme: perché fuori della di lui scuola si fece quel violento divorzio che i Sofisti esercitarono una vana arte di favellare, e i filosofi una secca ed inornata maniera d'intendere. Però gli altri greci filosofanti, come di una nazione quanto mai dire o immaginar si possa delicata e gentile, scrissero in uma lingua la quale, come un sottilissimo puro velo di molle cera, si stendeva sulle forme astratte de' pensieri che concepivano: e quantunque nei loro filosofici ragionamenti avessero rinunciato all'ornamento e alla copia, però conservarono l'eganza.

DISCURSO
PARA UMA ABERTURA ANUAL DA ACADEMIA INSTITUÍDA POR D. NICCOLÒ SALERNI
(1736)

Esse nome *Academia*, que tomamos dos Gregos para significar uma comunidade de homens literatos reunidos a fim de exercitar os engenhos nos trabalhos de erudição e doutrina, parece com maior propriedade de origem não combinar com outra coisa senão com essa nobilíssima reunião. Porque as outras foram instituídas, ou para se recitar discursos em torno de problemas singulares apoiados na arguta balança das oposições, ou para examinar argumentos particulares sobre línguas ou experiências. Mas a Academia fundada por Sócrates era um lugar onde ele, com elegância, com abundância, com ornamentos raciocinava sobre todas as partes do saber humano e divino; assim também nesta foi ordenado que os Acadêmicos com cultas, copiosas e ornadas dissertações percorram todo o amplo campo da sabedoria. Tal que esta Academia pode se dizer aquela onde Sócrates raciocinava. Um tal ordenamento proporciona primeiramente aquela grandíssima utilidade: que, ainda que os espíritos gentis que se reúnem, eles, ou por deleite ou por ofício, se apliquem a um estudo particular das letras, no entanto, nessa sorte de congressos são ao longo do tempo fornecidos todos os conhecimentos necessários a um sábio completo. Depois, o que importa muitíssimo: recompõem-se com seu liame natural o coração e a língua, que Sócrates,

> Pleno de Filosofia a língua e o peito,

mantinha estreitamente unidos; porque fora de sua escola se fez aquele violento divórcio, segundo o qual os Sofistas exercitaram uma vã arte de se expressar, e os Filósofos uma seca e desornada maneira de entender. Porém, outros gregos Filosofantes, de uma nação o mais delicada e gentil quanto se possa dizer ou imaginar, escreveram em uma língua que, como um sutilíssimo véu puro de cera macia, se estendia sobre as formas abstratas dos pensamentos que concebiam; e ainda que em seus raciocínios filosóficos tivessem renunciado ao ornamento e à abundância, todavia, conservaram a elegância.

Ma, ritornandosi a coltivare le filosofie in mezzo alla piú robusta barbarie, dando i cominciamento Averroe col commentare le opere di Aristotele, vi s'introdussero una sorta di parlari ciechi affatto di lume, non che privi di ogni soavitá di colore, una maniera saziévole di ragionare, perché sempre l'istessa della forma sillogistica, e un portamento neghittosissimo, dando i numeri tutto l'ordine a' loro discorsi con quelli *Praemitto primo, Praemtitto secundo; Objicies primo, Objicies secundo*. Tanto che, se io non vado errato, porto opinione che ne' nostri tempi l'eloquenza non sia rimessa nel lustro de' Latini e de' Greci, quando le scienze vi han fatto progressi uguali, e forse anche maggiori, egli addivenga perché le scienze s'insegnano nude affatto d'ogni fregio dell'eloquenza. E, con tutto che la cartesian filosofia abbia emendato l'error dell'ordine, in che peccavano gli scolastici, riponendo tutta la forza delle sue pruove nel metodo geometrico, però egli è cosi sottile e stirato che, se per mala sorte si spezza in non avvertire ad una proposizione, è niegato affatto a chi ode d'intender nulla del tutto che si ragiona. Ma dall'Accademia di Platone, che avea udito per ben otto anni usci Demostene, ed uscinne armato del uo in itto entimema, ch'egli forma a con un assai ben regolato disordine, andando fuori della causa in lontanissime cose, delle quali temprava i fulmini de' suoi argomenti, i quali, cadendo, tanto piú sbalordivano gli uditori quanto da essolui erano stati piú divertiti. E dalla stessa Accademia Cicerone professa essersi arricchito della felice sua copia, che a guisa di gran torrente d'inverno, sbocca dalle rive, allaga le campagne, rovina balze e pendici, e rotolando pesanti sassi ed annose querce, trionfante di tutto ciò che fecegli reistenza, si ritorna al próprio letto della sua causa. Né a difesa del nostro poco spirito, per questo istesso che affettiamo d'essere tutto spirito, giova punto risponder quello, che Demostene e Cicerone regnarono in repubbliche popolari, nelle quali, al dir di Tacito, vanno del pari l'eloquenza e la liberta. Perché quella eloquenza, che aveva Cicerone usato nella liberta, poscia adoperò appresso Cesare, fatto signore di Roma, a pro di Quinto Ligario; nella qual causa gli tolse dalle mani assoluto quel reo che 'l Dittatore in entrando nel Consiglio si era apertamente professato di condannare, dicendo quelle parole: *Numquam hodie tam bene dixerit Cicero, quin Ligarius e nostris manibus effugiat*

Mas voltando-se a cultivar as filosofias em meio à mais robusta barbárie, começando por Averróis ao comentar as obras de Aristóteles, introduziu-se uma sorte de falares cegos sem qualquer luz e também privados de toda suavidade e cor, uma maneira maçante de raciocinar, porque sempre da mesma forma silogística, e uma conduta negligentíssima, dando os números toda ordem aos seus discursos com aqueles *Praemitto primo, Praemitto secundo, Obiicies primo, Obiicies secundo* [*Premissa primeira, Premissa segunda, Objeção primeira, Objeção segunda*]. Tanto que, se não estou errado, tenho a opinião de que em nossos tempos a eloquência não restitui o brilho dos Latinos e dos Gregos, quando a ciência fez progressos iguais e talvez até maiores, e isso acontece porque as ciências se ensinam nuas sem qualquer friso de eloquência. E, embora a Filosofia Cartesiana tenha corrigido o erro da ordem em que pecavam os Escolásticos, remetendo toda a força de suas provas ao método geométrico, contudo, ele é tão sutil e rígido, que, se por má sorte se quebra ao não se advertir uma proposição, é completamente negado ao ouvinte entender qualquer coisa de tudo que se raciocina. Mas da Academia de Platão, ouvido por bem oito anos, saiu Demóstenes, e saiu armado de seu invicto entimema, que ele formava com uma desordem muito bem regulada, andando fora da causa em coisas distantíssimas, a partir das quais temperava os relâmpagos de seus argumentos, que, caindo, tanto mais espantavam os ouvintes, quanto mais tinham sido por ele distraídos. E da mesma Academia Cícero declara ter-se enriquecido de sua feliz abundância, que à guisa de grande torrente de inverno desemboca na costa, alaga os campos, derruba penhascos e encostas, e, rolando pesadas rochas e velhos carvalhos, triunfante sobre tudo o que lhe ofereceu resistência, retorna ao próprio leito de sua causa. Nem pela defesa do nosso pouco espírito, pelo fato mesmo de que aspiramos ser inteiramente espírito, vale a pena responder à afirmação de que Demóstenes e Cícero reinaram em repúblicas populares, nas quais, segundo o dizer de Tácito, andam juntas a eloquência e a liberdade. Porque aquela eloquência que Cícero havia usado na liberdade, mais tarde empregou com César, feito senhor de Roma, em prol de Quinto Ligário, em cuja causa tirou-lhe das mãos, absolvido, aquele mesmo réu que o Ditador, ao entrar no Conselho, havia abertamente declarado condenar, dizendo aquelas palavras: *Numquam hodie tam bene dixerit Cicero, quin Ligarius e nostris manibus effugiat* [*Nunca tão bem quanto hoje disse Cícero que Ligário pode escapar de nossas mãos*].

E nel secolo decimosesto, nel quale si celebró una sapienza ben parlante, cosí Giulio Camillo Delminio fece venire le lagrime su gli occhi di Francesco I re di Francia con l'Orazione che gli disse per la liberazione di suo fratello, come monsignor Giovanni della Casa commosse l'imperator Carlo V con quella dettagli per la restituzion di Piacenza. E pure l'orazione a pro di Ligario è la piú gloriosa di tutte le altre di Cicerone, nella quale egli trionfó con la lingua di chi con le armi avea trionfato del mondo: e delle altre due recitata l'una ad un grandissimo re, l'altra ad un chiarissimo imperadore, quella è una regina, e questa l'imperatrice delle Orazioni toscane. Or per raccogliere il detto in breve, voi, signori, con maestrevole accorgimento adoperate di praticare quel precetto di Orazio che ristretto in tre versi contiene tutta l'arte cosí in prosa come in versi di ben parlare:

Scribendi recte sapere est et principium et fons:

perché non vi è eloquenza senza veritá e degnitá, delle quali due partí componesi la sapienza.

Rem tibi Socraticae poterunt ostentare chartae;

cioè gli studj della Morale, che principalmente informano il sapere dell'uomo, nella quale piú che nelle altre parti della Filosofia Socrate fu divinamente applicato; onde di lui fu detto: *Moralem Philosophiam Socrates de coelo revocavit.*

Verbaque provisam rem non invita sequentur,

per lo natural legame onde noi dicemmo essere stretti insieme la lingua e 'l cuore, perocché ad ogni idea sta naturalmente la sua propia voce attaccata, onde l'eloquenza non è altro che la sapienza che parla.

E no século XVI, no qual se celebrou uma sabedoria bem-falante, assim Giulio Camillo Delminio fez vir às lágrimas os olhos de Francisco I, rei da França, com a Oração que lhe disse pela libertação de seu irmão, tal como Monsenhor Giovanni della Casa comoveu o imperador Carlos V com aquela dita a ele pela restituição de Piacenza. Com certeza, a Oração em prol de Ligário é a mais gloriosa de todas as outras de Cícero, na qual ele triunfou com a língua de quem com as armas havia triunfado sobre o mundo, e das outras duas recitadas, uma a um grandiosíssimo rei, a outra a um ilustríssimo imperador, aquela é uma rainha, e essa a imperatriz das Orações toscanas. Ora, para recolher o dito com brevidade, vós, senhores, com magistral perspicácia costumais praticar aquele preceito de Horácio, que, resumido em três versos, contém toda a arte, tanto em prosa quanto em versos, do bem falar:

Scribendi recte sapere est et principium et fons:
[Do escrever corretamente princípio e fonte é o saber]

porque não há eloquência sem verdade e dignidade, de cujas duas partes se compõe a sabedoria.

Rem tibi Socraticae poterunt ostentare chartae;
[Isso a ti poderão mostrar os escritos Socráticos]

isto é, os estudos da moral, que principalmente dão forma ao saber do homem, na qual, mais do que nas outras partes da filosofia, Sócrates foi divinamente aplicado; motivo pelo qual sobre ele foi dito: *"Moralem Philosophiam Socrates de coelo revocavit"* [*A Filosofia Moral Sócrates do céu evocou*].

Verbaque provisam rem non invita sequentur,
[As palavras seguirão espontaneamente a coisa prevista,]

pelo liame natural mediante o qual nós dissemos estarem estreitamente juntos a língua e o coração; pois a cada ideia está naturalmente ligada sua palavra própria, de modo que a eloquência não é outra coisa senão a sabedoria que fala.

Sono scorsi ormai ben tre anni che questa nobile Accademia, in questo riguardevole luogo dal gentilissimo signor D. Niccolò Salerni onorevolmente accolt, fu istituita, e com lo stesso fervore col quale ha incominciato, felicemente prosiegue, contro il maligno corso della stolta fortuna, la quale le belle imprese attraversa, e soventi fiate ne' primi lor generosi sforzi invidiosa opprime. Or in quest'anno la vostra generositá sopra ogni mio merito mi ha voluto ed ordinato custode e collega del signor di Canosa, nobilissimo fregio di cui questo Comune si a orna, avendovi creato censore il signor D. Paolo Doria, mente di rari e sublimi lumi, e per le molte opere di filosofia e di mattematica, celebratissimo tra' dotti di questa età; e per colmarmi di sommo e sovrano onore, mi ha comandato che io vi facessi l'anniversaria apertura.

Laonde raccolte tutte le mie potenze in un pensiero di altissima riverenza, dettandomi la formala il gran padre Agostino, sotto la cui protezione quest'Accademia sta rassegnata, concepisco questo voto con queste solenni e consegrate parole: Odi, umilmente ti priego, odi, non favolosa Minerva, sapienza eterna, generata dal divin capo del vero Giove, l'onnipotente tuo Padre. Oggi in tua ode, in tuo onore, in tua gloria si riapre questo quarto anno acadêmico, lo che sia a perfezione di questi ben nati ingegni; poiché la sapienza è la perfezionatrice dell'uomo nel suo pro pio esser d'uomo, ch'è mente e lingua.

Passaram-se bem três anos que esta nobre Academia, honrosamente acolhida neste admirável lugar pelo gentilíssimo senhor dom Niccolò Salerni, foi instituída, e com o mesmo fervor com o qual começou felizmente prossegue, contra o maligno curso da estúpida fortuna, que as belas empresas atravessa e frequentemente nos seus primeiros generosos esforços por inveja oprime. Agora, neste ano, a vossa generosidade, acima de todo mérito meu, quis-me e ordenou-me guardião e colega do senhor de Canosa, nobilíssimo friso com o qual essa comunidade se adorna, tendo criado como censor o senhor D. Paolo Doria, mente de raras e sublimes luzes e pelas muitas obras de Filosofia e Matemática celebradíssimo entre os doutos desta época; e, para encher-me de suma e soberana honra, ordenou-me que eu vos fizesse a abertura comemorativa do seu aniversário.

Assim, recolhidas todas as minhas potências em um pensamento de altíssima reverência, ditando-me a fórmula o grande Padre Agostinho, sob cuja proteção esta Academia está entregue, concebo este voto com estas solenes e consagradas palavras: – Ouve, imploro-te humildemente, ouve, não fabulosa Minerva, Sabedoria eterna, gerada da divina cabeça do verdadeiro Júpiter, teu pai onipotente, hoje em teu louvor, em tua honra, por tua glória é reaberto este quarto ano acadêmico, para a perfeição desses bem-nascidos engenhos; pois a sabedoria é aperfeiçoadora do homem no seu próprio ser de homem, que é mente e língua.

Título	Epistolário:
	cartas escolhidas e escritos menores
Autor	Giambattista Vico
Organização, tradução, seleção e apresentação	Sertório de Amorim e Silva Neto
	Vladimir Chaves dos Santos
Coordenador editorial	Ricardo Lima
Secretário gráfico	Ednilson Tristão
Preparação dos originais	Luis Dolhnikoff
Revisão	Vinícius E. Russi
Editoração eletrônica	Ednilson Tristão
Projeto gráfico original	Lygia Arcuri Eluf
Design de capa	Editora da Unicamp
Formato	16 x 23 cm
Papel	Avena 80 g/m^2 – miolo
	Cartão supremo 250 g/m^2 – capa
Tipologia	Garamond Premier Pro
Número de páginas	200

ESTA OBRA FOI IMPRESSA NA GRÁFICA AS
PARA A EDITORA DA UNICAMP EM DEZEMBRO DE 2024.